처음 만나는
바느질
레시피
43

처음 만나는
바느질
레시피
43

손혜정 지음

황소자리

프롤로그

추위가 조금씩 물러나고 멀리서 봄기운이 느껴집니다. 또 한 번 계절의 변화가 피부로 느껴지네요.
바느질을 취미로 접한 지 2년 남짓……. 드르륵드르륵 처음 들은 재봉틀의 공포스러운 소리도 어느덧 경쾌하게 다가오고, 비뚤비뚤한 바느질 솜씨로 작품을 하나씩 완성해낼 때의 희열도 경험으로 축적되었습니다. 이제는 무얼 만들까 고민하는 게 일상으로 자리잡아버렸네요.
전혀 꼼꼼하지 못한 제가, 만들어둔 작품을 열심히 기록하고 사진으로 담으며 바느질 앞에서는 그 누구보다 침착하고 세밀한 사람이 되었어요. 학창시절 바느질이라면 진저리를 치던 사람이 그 일을 취미로 삼고, 또 그걸 바탕으로 책을 낼 기회까지 얻었다는 건 신기하고 신나는 일일 수밖에 없겠지요. 아직은 부족한 점이 많고 경력 또한 미미하지만, 처음 시작할 때의 열정과 배우려는 의지 만큼은 온전히 간직하고 있습니다. 그래서 이제 새로운 세계에 발을 디디게 될 분들께, 더욱 가까운 위치에서 노하우를 알려드릴 수 있지 않을까 싶어요.
책 속에는 홈패션에 처음 입문하는 초보자들을 위해 되도록 쉽고 간략하게, 최소한의 패턴만 사용하여, 혹은 패턴 없이도 만들 수 있는 작품들을 실었습니다. 난이도가 높은 것들도 기본은 다 비슷하기 때문에, 이 책을 따라 쉬운 것부터 몇 가지만 만들어보시면 충분히 어려운 작품에도 도전하실 수 있으리라 생각합니다.

이미 실력이 저보다 앞선 분들이라면 이보다 훨씬 훌륭한 작품을 만드실 테지요. 다만 좀더 나은 디자인을 만들기 위해 저 나름대로 애쓴 흔적들을 참고로 삼아주신다면 기쁘겠습니다.

이 책이 많은 분들에게 재미난 바느질 세계를 경험하게 하는 디딤돌 역할을 하길 바라봅니다.

* * *

재촉하지 않고 임산부를 위해 많은 배려를 해준 황소자리 출판사분들께 감사드립니다. 책 작업에 너무나 열중한 나머지 저녁밥도 제대로 못 차려준 날이 많지만 넓은 마음으로 이해해준 사랑하는 우리 남편, 많은 격려와 믿음 보내준 가족과 친구들, 이 책을 만드는 데 도움주신 분들, 그리고 블로그 이웃분들께도 감사 인사를 전합니다.

2011년, 봄을 기다리며
손혜정

Contents

프롤로그 **4**

01 바느질을 시작하기 전에

1 원단에 대한 간단한 이야기 **10**
2 선세탁 방법 **13**
3 바느질에 필요한 최소한의 도구들 **14**
4 알아두면 좋은 최소한의 손바느질법 **19**
5 초보 블로거들을 위한 팁: 작품을 예쁘게 올리는 법 **26**

02 생활 레시피

1 패브릭 패치 수건 **32**
2 베이직 사각 티슈커버 **34**
3 진주 코사지 라운드 티슈커버 **38**
4 패치 무릎 담요 **44**
5 플라워 코사지 베이비 룸 슈즈 **46**
6 플라워 룸 슈즈 **50**

03 소품 레시피

1 둥근 프레임 동전지갑 **54**
2 레이스 포인트 화장품 파우치 **58**
3 빈티지 스타일 카드케이스 **62**
4 블루마린 여권지갑 **66**
5 패브릭 스티커로 다이어리 간단 리폼하기 **70**
6 리본 카메라 파우치 **72**
7 블루 스트라이프 사각 필통 **76**
8 내추럴 바네 파우치 **80**
9 리넨 통장 케이스 **84**
10 이니셜 손수건 **88**
11 레드 체크 물병 파우치 **90**

04 주방 레시피

- 1 두 겹 티매트   96
- 2 1인용 양면 테이블매트   98
- 3 와플무늬 발 매트   100
- 4 피클 병뚜껑 커버   104
- 5 대마 야채 보관 주머니   106
- 6 누빔 그릇 패드   110
- 7 비닐봉지 정리 파우치   114
- 8 카페 스타일 앞치마   118
- 9 손 안에 쏙 들어가는 동글이 주방장갑   122
- 10 2색 주방 행주   126

05 인테리어 레시피

- 1 멜빵형 내추럴 미니 발란스   130
- 2 너무나 쉬운 일자형 커튼   134
- 3 리본 포인트 커튼   136
- 4 내추럴 스타일 모래시계 커튼   140
- 5 겹프릴 쿠션   144
- 6 사탕 자루 쿠션   150
- 7 올록볼록 핑크 패치 쿠션   152
- 8 2인용 대쿠션 & 대방석   156
- 9 그린 레이스 홑겹 패치 이불   160
- 10 양면 누빔 침대 패드   164

06 패션 레시피

- 1 패턴이 필요 없는 3단 티어드 스커트   170
- 2 손주름으로 만드는 허리 밴드 스커트   174
- 3 라운드 미니 백   178
- 4 파스텔 라미네이트 가방   182
- 5 리본 포인트 블라우스   186
- 6 양면 사각 머플러   190

시작하기 전에 미리 읽어두세요!

1. 실물 도안이 있다고 표시된 작품의 경우
책 맨 뒤에서 해당 작품의 실물 도안을 찾으세요. 그리고 비치는 종이에 대고 라인을 따라 그린 뒤, 조금 두꺼운 종이에 붙이고 라인대로 잘라 이용하시면 편리합니다. 그렇게 자른 도안을 천에 대고 모양을 그려주세요. 선 옆으로 시접을 적당히 준 뒤 자르시면 재단 완료입니다!

2. 도안이 필요 없다고 표시된 작품의 경우
직사각형이나 원형으로 재단해야 할 경우에는 실물 도안을 따로 싣지 않았어요. '재단하기' 부분을 읽어가며 재료를 준비하시면 되는데, 조금 두꺼운 종이에 미리 도안을 그려두시면 훨씬 수월합니다.

3. 1+1cm와 1×1cm의 차이
본문에 1+1cm라고 표시된 경우엔 1cm 폭으로 접은 뒤, 다시 1cm를 접어야 한다는 의미입니다. 1×1cm는 가로 1cm, 세로 1cm라는 의미이고요. 본문을 보면 아실 테지만, 혹시 혼란을 느끼실까 미리 안내합니다.

01
바느질을 시작하기 전에

1. 원단에 대한 간단한 이야기

이 책에서 주로 사용한 원단은 면과 선염원단 그리고 리넨입니다. 동대문 원단시장이나 인터넷 쇼핑몰에서 가장 흔하고 쉽게 접할 수 있고, 의류나 침구 또는 소품을 만들 때 많이 사용되는 원단들이지요.

책 속에서는 독자분들께서 저렴하면서도 쉽게 구할 수 있는 다양한 컬러의 원단으로 여러 작품을 만들어보실 수 있게 안내했습니다. 각각의 작품에 필요한 설명이나 사용되는 부자재 등은 해당 페이지에 자세히 설명해두었어요. 이 파트에선 원단들이 어떤 특성을 지녔는지 간단히 얘기를 해볼까 해요.

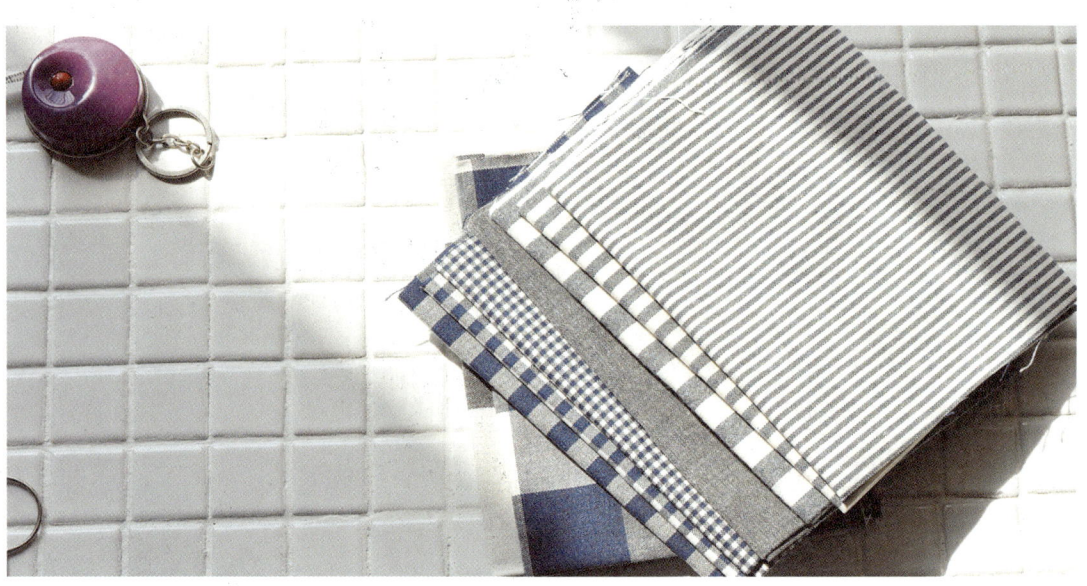

면(cotton)

면의 주원료는 목화솜으로, 가볍고 내구성과 흡습성이 좋아 땀 흡수가 잘되며 세탁하기도 쉽습니다. 수분을 잘 흡수하기 때문에 옷이나 침구류에 많이 쓰이죠. 하지만 구김이 잘 가고, 형태가 제대로 보전되지 않는다는 단점이 있어서 합성섬유와 혼방하거나 구김방지 가공을 하는 경우가 많습니다. 면원사는 16, 20, 30, 40수로 나눕니다. 간혹 이 의미가 무언지 물어오시는 분들이 있어요. 40수가 가장 얇고, 16수가 가장 두꺼운 원단이라고 생각하시면 쉬워요..

마(linen)
식물 줄기나 껍질에서 뽑아낸 실입니다. 모시나 삼베를 만들지요. 마의 성질을 그대로 살린 대마로 가방이나 소품을 만들기도 하지만, 소품과 의류 및 침구류에 가장 많이 사용되는 종류는 리넨입니다. 리넨은 아마의 실로 짠 얇은 직물을 말해요. 리넨은 자연스럽다는 장점이 있지만, 유연성이 없기 때문에 구김이 많이 갑니다. 이를 방지하기 위해서 면이나 아크릴과 같은 합성섬유와 혼합하여 쓰지요. 흡수성과 통기성이 좋아 시원하고, 자연스런 느낌을 주기 때문에 여름용 고급 옷감이나 침구 소재로 많이 사용합니다. 면에 비해서 가격은 비싸지만 강도가 더 좋아서 오랜 시간이 흘러도 자연스런 멋스러움이 묻어나지요. 요즘 가장 많이 사용되는 원단 중 하나입니다. 리넨 원단도 20수의 두꺼운 원단부터 얇은 것까지 다양하답니다.

옥스퍼드(oxford)
16~20수로 일반 면보다 조금 두껍고, 실이 굵어서 재봉하기 쉬운 원단입니다. 초보자들이 다루기가 좋지요. 세탁할 때에도 원단이 질기기 때문에 손상이 잘 가지 않습니다. 주로 커튼, 가방 등에 많이 사용합니다.

무지 원단
무늬가 없는 원단을 의미해요.

라미네이팅(Laminating) 원단
일반적으로 코팅 원단이라고 부릅니다. 접착액을 발라서 원단에 비닐 필름을 씌우는 거예요. 습기에 강하고 질겨서 가방이나 소품, 의류 등에 사용됩니다.

커트지
원단을 마 단위가 아니라, 그림 크기대로 자른 것입니다. 주로 크리스마스 천이나 동물, 과일, 캐릭터 그림이 그려진 원단을 이렇게 판매하죠. 구입할 때 반드시 치수를 확인해야 합니다. (참고로 원단 1마는 보통 90cm를 의미합니다.) 다양한 소품이나 커튼에 포인트로 사용하기 좋아요.

나염과 선염

나염은 원단을 직조한 다음에 색이나 무늬를 넣은 원단입니다. 선염은 미리 염색한 실로 직조한 원단을 말하죠. 선염 원단은 천의 앞뒷면에 색이나 무늬 차이가 거의 없어요. 이 책에서도 작품 주재료로 선염 원단을 많이 사용했습니다.

접착심(접착심지)

원단의 한쪽 면에 풀칠이 되어 있으며, 다리미로 열을 가하면 심지의 풀이 녹아 원단에 달라붙습니다. 다양한 소품의 부자재로 사용돼요.

거즈 원단

영어로 거즈(gauze)이고 독일어로 가제(gaze)인데, 우리나라에서는 거즈와 가제를 동일하게 취급합니다. 면사를 성글게 짠 것으로 흡수성이 좋습니다.

아사 원단

40~60수 정도의 얇은 면 원단으로, 여름용 의류나 침구류에 적합합니다.

원단 두께와 길이

1. 원단의 두께를 표시할 때, 천연섬유(면, 마, 모직)는 '수'를 사용하고 화학섬유는 '덴야'를 사용합니다. 수는 숫자가 클수록 얇고, 덴야는 작을수록 얇다는 것만 알아두시면 돼요. 예를 들어 면 40수는 60수보다 두껍고, 화학섬유의 경우 75덴야가 100덴야보다 얇은 것이지요.
2. 원단 1마의 길이는 90cm입니다. 원단의 길이를 재는 방향이 식서방향, 폭 부분이 푸서방향이에요. 폭도 좁은 것과 넓은 것이 있으니 구입하실 때 치수를 반드시 확인하세요.

원단의 안과 겉 구별하기

1. 프린트 문양이 선명한 쪽이 겉입니다.
2. 원단의 식서부분이나 단 쪽에 문자나 표식이 있는 쪽이 겉입니다.
   - 식서방향: 옷감이 풀리지 않도록 처리된 세로방향을 의미.
   - 푸서방향: 원단을 재단한 후 가위로 자르면 올이 풀리는 가로방향을 의미.
3. 모직인 경우는 털이 분명하게 난 쪽이 겉입니다.
4. 양면을 비교했을 때 광택이 있는 쪽이 겉입니다.

2. 선세탁 방법

워싱 가공이 된 경우를 제외하고, 대부분의 원단은 재단하기 전에 미리 세탁해두는 것이 좋습니다. 특히 리넨의 경우는 선세탁 과정이 필수지요. 선세탁을 하는 이유는 완성된 작품을 세탁할 때 수축하는 것을 방지하기 위해서입니다.

선세탁이 필요치 않은 원단이라도 구김이 많은 상태라면 원단을 재단하기 전 다림질을 해두세요. 재단이 잘못되는 것을 미연에 방지할 수 있답니다.

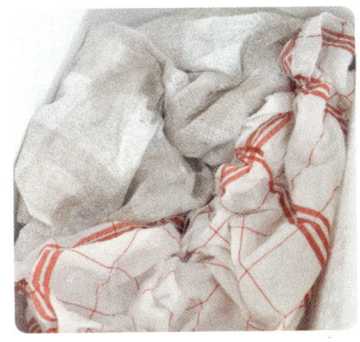  

1 원단을 세제를 풀지 않은 미온수에 2~3시간 담가둡니다. 그리고 손으로 주무른 후, 두세 번 정도 헹궈 풀기를 제거해주면 돼요.

2 물기를 제거할 때는 탈수를 하지 않고 자연스럽게 물기가 빠지도록 한두 시간 정도 둡니다. 남은 물기를 턴 후, 건조대에 원단의 틀어진 부분을 쫙 펴서 자연 건조합니다.

3 바짝 마르게 두지 않고 약간 덜 마른 상태에서 다림질을 합니다. 리넨 워터를 뿌려주면서 다림질하면 원단에 향기를 더할 수 있습니다.

3. 바느질에 필요한 최소한의 도구들

전문적으로 옷을 만들고 작품 활동을 한다면 다양한 도구가 필요할 테지요. 하지만 취미로 옷과 소품을 만들어 간단히 집안을 변화시키길 원하는 주부라면 전문적인 도구는 많이 필요치 않습니다. 사실 전문적인 도구를 모두 갖추기란 쉽지도 않고, 도구의 이름과 쓰임마저 생소하지요. 이 책에서는 최소한의 도구만으로도 쉽게 작품을 만들고, 최대의 효과를 낼 수 있도록 도구의 가짓수는 가능한 줄였답니다.

1) 기본도구

이 책에 주로 사용된 도구들

1. **시접자** 10cm~60cm 등 다양한 길이의 시접자가 있습니다. 보통 60cm 정도가 사용하기 편해요.

2. **패브릭 풀과 패브릭 본드** 패브릭 풀은 라벨 등을 임시로 고정할 때 사용하면 편리합니다. 패브릭 본드는 풀보다 접착력이 훨씬 좋은데, 크림 형태로 되어 있어요. 바른 뒤에 반드시 다림질로 열기를 가해야 단단히 고정된답니다. 필요에 맞게 구입해서 쓰시면 돼요.

3. **줄자** 곡선 재단이나 사이즈를 잴 때 편리합니다.

4. **재봉실과 손바느질용 실** 재봉틀에 사용하는 재봉실과 손바느질용 실을 구비해두면 상황에 따라 사용하기 좋습니다. 재봉실은 재봉틀 바늘의 두께에 따라 다양하며, 주로 사용하는 원단의 컬러에 맞게 갖춰두면 편하답니다. 그리 비싸지 않으니 자주 사용할 무난한 색상(리넨이나 아이보리 색상)의 실은 큰 것으로 구입해두고 쓰세요.
   손바느질용 실은 겉면에 코팅이 되어 있고, 손으로 끊기지 않는 질긴 것을 선택하세요. 주로 작품을 마무리할 때 창구멍을 막는 용도로 사용합니다.

5. **재단 가위** 원단을 재단한 후 자를 때 사용합니다. 재단용 가위는 다른 용도로는 쓰지 마시고, 사용하지 않을 때는 보호 캡을 씌워두세요.

6. **쪽가위** 작품을 마무리할 때 실밥을 정리하거나 작은 부분을 잘라내기에 좋아요.

7. **실뜯개와 송곳** 재봉을 잘못해 실을 뜯어내야 할 때 실뜯개를 사용하고, 송곳은 원단에 구멍을 내거나 작품을 뒤집어 모서리 부분을 깔끔하게 빼낼 때 사용합니다.

8. **재봉틀(재봉) 바늘** 호수에 따라 바늘의 굵기가 다릅니다. 9호(가장 얇은 원단용), 11호(얇은 원단용), 14호(보통 원단용), 16호(두꺼운 원단용)로 나뉘므로, 알아두셨다가 원단에 따라 다양하게 사용해보세요.

9. **손바느질용 바늘** 창구멍을 막거나 홈질이나 박음질을 할 때 사용합니다. 번호가 작을수록 굵은 바늘이에요. 너무 굵지 않고 적당한 바늘을 사용하시면 돼요.

10. **시침핀과 핀쿠션** 시침핀은 원단을 고정시키는 데 사용합니다. 시침핀을 사용하지 않을 땐 핀쿠션에 꽂아두고요. 작업하다보면 핀쿠션이 얼마나 중요한지 느껴지실 거예요.

11. **원단용 사인펜과 연필** 사인펜은 원단을 재단할 때 주로 사용합니다. 원단용 사인펜 중에는 물을 뿌리면 지워지는 것, 30분 이상 두면 저절로 흔적이 사라지는 것 등 편리한 제품들이 있어요. 일반 수성사인펜보다는 원단용 사인펜을 사용하시는 게 좋습니다. 연필은 원단 뒷면에 간단히 마크할 때 사용해요. 진하게 표시하는 일은 없도록 하세요.

12. **골무** 손바느질할 때에 손가락을 찔리지 않게 보호해줍니다.

13. **노루발** 재봉틀을 사면 일반 원터치 노루발을 기본으로, 브랜드에 따라 여러 가지 노루발이 들어 있습니다. 원터치 노루발 외에 자주 사용되는 주름노루발, 말아박기노루발, 지퍼노루발을 갖춰두면 편리합니다.

2) 가지고 있으면 좋은 도구

꼭 필요하진 않지만 이 책을 만들 때 조금씩 사용했던 도구들

1. 고무망치 펀칭 기구를 사용하거나 도트 단추를 달 때 두드리는 용도로 사용합니다.
2. 글루건 리본이나 장식용 액세서리를 달 때 편리해요.
3. 바이어스 메이커 바이어스 테이프를 만들 때 사용합니다. 사이즈 별로 다양한 제품이 있어요.
4. 걸이 뒤집개와 끼우개 원단으로 리본이나 보우장식을 만들 때, 스트링 고무줄이나 면끈을 끼우기 좋아요.
5. 자수실 작품에 멋을 내고 싶을 때, 이니셜로 자수를 놓으면 좋겠죠. 몇 가지 색깔을 갖춰두면 좋아요.
6. 웨이스트 캔버스(십자수 원단) 원단에 스티치를 넣을 때 사용합니다.
7. 라벨 및 단추 작품에 마무리 장식을 할 때 필요해요.
8. 도트 단추 훅기구와 펀칭기구 원단이나 가죽 등에 구멍을 낼 때는 펀칭기구를, 도트 단추나 양면 징을 달 때는 도트단추 훅기구를 사용합니다.
9. 겸자 솜을 넣을 때 사용하면 편리해요.

3) 쉽게 하는 바느질

재봉틀과 오버록 기계

손바느질에 서툴고 시간이 부족하다면 재봉틀과 오버록 기계를 구비해두고 사용하면 좋습니다. 요즘은 시중에서도 다양한 브랜드를 접할 수 있고, 저렴한 것부터 비싼 것까지 가격대도 천차만별입니다. 초보분들이라면 어떤 재봉틀을 구입할지 고민이 많이 되실 거예요.

처음 입문하는 분들이라면 중저가의 오버록 기능까지 사용할 수 있는 재봉틀을 선택하는 것이 좋습니다. 적성이 있는지 없는지도 모르는 상태에서 덜컥 고가의 재봉틀을 구입해두었다가 묵히는 것보다는, 일단 써보고 나중에 바꾸기로 마음먹는 편이 낫지요. 요즘은 중저가 재봉틀도 기능이 참 좋답니다. 쓰시다가 오버록 기능에 부족함을 느낀다면, 오버록 기계만 따로 구입해서 두 가지를 함께 사용하면 아무런 불편이 없으실 거예요. 제 경우엔 홈쇼핑에서 싼 맛에 구입한 재봉틀으로도 한참동안 드르륵드르륵 즐겁게 지냈어요. 그러다 오버록 기계를 들여놨고, 최근에 성능이 조금 나은 재봉틀으로 교체했답니다.

여러분도 처음부터 고가의 기계를 탐내지는 마세요!

자주 이용하는 사이트 www.misingmart.co.kr

4) 원단 구입하기

원단은 어디서 구입하는 게 좋을까? 나는 주로 인터넷 쇼핑몰을 이용했지만, 발품을 팔더라도 직접 만져보는 게 좋은 분들은 동대문 원단 시장에 찾아가도 재밌다.

인터넷 쇼핑몰

- **장점** 소품을 만들 땐 작은 천이 여러 조각 필요한 경우가 많은데, 인터넷 쇼핑몰에서 4분의 1, 8분의 1마 단위로 작게 잘라 세트로 묶어둔 원단을 구입하면 좋다. 가격을 눈으로 확인할 수 있어 계획적인 구매가 가능하고, 원단 외에도 부자재들을 한꺼번에 쇼핑할 수 있어 편리하다. 구매하고 싶은 원단으로 만들어진 완성품 사진과 구매자들의 평가를 확인할 수 있다는 것도 큰 장점이다.
- **단점** 직접 만져보고 구매할 수가 없다. 이불이나 커튼 등, 원단을 대량으로 구매해야 하는 경우엔 동대문 상가에 들러서 원단 질감이나 두께를 확인해야 후회하는 일이 없다.

자주 이용하는 사이트　www.sunquilt.com

동대문 시장

- **장점** 직접 물건을 확인할 수 있다는게 가장 큰 장점이다. 많이 사면 깎아주기도 하고, 여러 천들을 배색해보며 고르기도 좋다. 상품이 다양하다.
- **단점** 정찰제가 아니어서 전체 금액을 확인하며 계획적으로 쇼핑하기가 어렵다. 가게들이 밀집돼 있고 다른 손님들 때문에 오랫동안 구경하기도 여의치 않다. 누군가의 눈치를 보지 않고 자유롭게 쇼핑하는 쪽이 좋다면, 인터넷 쇼핑몰을 권한다.

4. 알아두면 좋은 최소한의 손바느질법

1) 실 꿰고 매듭짓기

바느질을 처음 할 때 필요한 준비과정입니다. 실 끝에 매듭을 잘 지어줘야 바느질이 단단하고 예쁘게 돼요. 여기서는 쉽게 매듭짓는 방법을 설명해드릴게요.

1 바늘에 실을 한줄 통과시키세요.

2 실 한 줄을 잡아당겨 두 줄의 길이를 같게 합니다.

3 매듭지을 실을 왼손 검지에 두고 그 위에 바늘을 올려두세요.

4 오른손으로 잡은 실을 시계방향으로 두 번 바늘에 감아주세요.

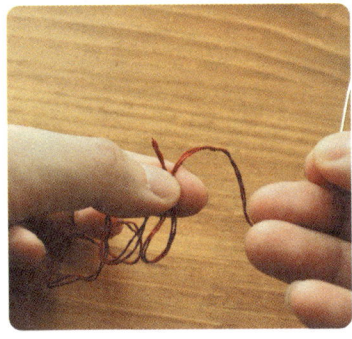

5 오른손으로 바늘끝을 잡고 왼손으로 실을 아래방향으로 쭉 잡아당겨주세요.

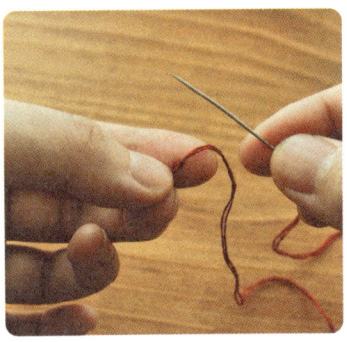

6 사진처럼 매듭이 간단히 지어집니다.

2) 홈질하기

원단을 임시로 고정하거나 장식효과를 낼 때, 레이스 등 부자재를 고정할 때 사용합니다.

1 원단을 준비한 후 수성 사인펜으로 홈질할 부분을 표시해주세요.

2 홈질을 시작할 위치에 바늘을 뒤에서 꽂아 앞으로 빼내줍니다.

3 왼쪽 방향으로 3~5mm 정도 간격을 주고 바늘을 꽂아 뒤로 빼내줍니다.

4 왼쪽 방향으로 3~5mm 정도 간격을 주고 바늘을 꽂아 앞으로 빼내줍니다.

5 위의 과정을 반복하면 사진과 같은 모양이 됩니다.

6 뒷면도 앞면처럼 바느질 간격이 일정해요.

3) 박음질하기

가장 많이 사용하는 바느질법이며, 원단을 단단히 재봉할 때 필요합니다. 이 책에 실린 작품들을 손바느질할 때도 대부분 박음질을 이용했습니다.

1 시작할 위치에서 왼쪽 방향으로 3mm 정도 간격을 주고 바늘을 뒤에서 꽂아 앞으로 빼내줍니다.

2 앞으로 빼낸 바늘을 오른쪽으로 3mm 되돌아가 뒤로 찔러준 후, 왼쪽 방향으로 6mm 간격을 주어 앞으로 빼내줍니다.

3 다시 오른쪽으로 3mm 되돌아가 찔러주고, 왼쪽 방향 6mm 지점에서 바늘을 빼줍니다. 이 동작을 계속 반복하면 돼요.

4 바늘땀이 사진처럼 촘촘하게 되지요.

5 뒷면을 볼까요? 단단하게 실이 엮여 있습니다. 아주 튼튼한 바느질법이에요.

4) 공그르기와 매듭 숨기기

공그르기는 주로 창구멍을 막거나 바이어스 테이프를 달 때 사용하는 바느질법입니다. 바늘땀이 작아 실이 거의 보이지 않습니다. 매듭 숨기기는 작품 완성 후, 매듭을 안쪽으로 숨겨 보이지 않게 하는 기술이고요. 어떻게 하는 건지 알아볼까요?

1 공그르기할 시접을 안으로 접어 사진처럼 오므려주세요.

2 바늘을 시접 안쪽 접힌 곳에서 꽂아 밖으로 빼내주세요.

3 매듭은 시접 안쪽으로 넣어주세요.

4 위쪽 시접에서 나온 바늘을 아래쪽 시접 속에서 3~4mm 정도 왼쪽으로 한 땀 떠서 바늘을 밖으로 빼주세요.

5 빼낸 바늘을 다시 위쪽 시접에 꽂아 3~4mm 정도 왼쪽으로 땀을 떠서 바늘을 밖으로 빼주세요.

6 천에 주름이 생기지 않도록 천을 좌우로 당겨가며, 위와 같은 방법으로 공그르기를 끝까지 해주세요.

7 공그르기 후 겉에서 매듭을 지어주세요.

8 매듭지어준 실은 자르지 말고 길게 빼내주세요.

9 매듭지어준 부분에 최대한 가깝게 바늘을 꽂고 뒤로 바늘을 빼주세요.

10 뒤로 나온 실을 팽팽하게 잡아당긴 후 실을 쪽가위나 가위로 잘라주세요.

11 완성 후 공그르기한 바늘땀은 거의 보이지 않는답니다.

5) 눌러박기(상침하기)

작품 겉면에 장식 효과를 주거나 겉과 안의 원단이 들뜨는 것을 방지하기 위해 겉감과 안감을 바깥쪽에서 동시에 바느질하는 기법입니다.

작품의 겉면을 장식하기 위해 바느질 해줍니다.

대부분 박음질 또는 홈질로 장식적인 효과를 줍니다.

6) 감침질과 오버록

감침질은 올이 풀리지 않게 해주는 바느질법입니다. 시간이 많이 걸리는 단점이 있어, 오버록 기계를 갖춰두면 편리합니다.

1 감침질할 원단의 가장자리에 바늘을 꽂아 앞쪽으로 빼내줍니다.

2 실과 함께 바늘을 원단의 뒤로 돌려 오른쪽으로 2~4mm 정도 떨어진 곳에 바늘을 꽂고 앞으로 빼내줍니다.

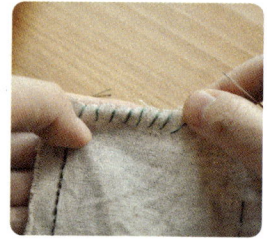

3 위와 같은 방법으로 끝까지 바느질해주세요. 바느질 간격은 좁게 하시도, 넓게 하셔도 됩니다.

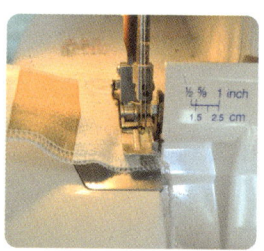

4 오버록 기계를 사용할 때는 기계에 원단을 올려놓고 비뚤어지지 않게 오버록 처리해주세요. 자세한 내용은 각 기계의 제품설명서를 참조하세요.

7) 시침질하기

재봉하기 전 원단이 움직이는 걸 방지하기 위해 임시로 고정해두는 바느질법입니다. 원단을 겹쳐놓고 띄엄띄엄 넓게 바느질하면 되지요.

 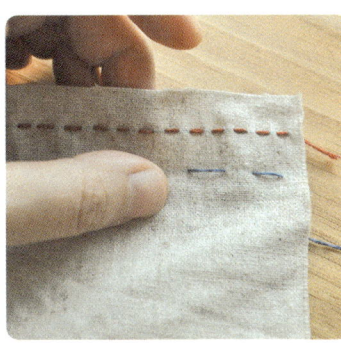 

1 실을 매듭지은 뒤, 시침질을 시작할 위치에 바늘을 뒤에서 꽂아 앞으로 빼내줍니다.

2 왼쪽으로 4~5cm 정도 땀을 주어 바느질하세요.

3 시침질이 끝난 후엔 실 끝에 10cm 여유를 두고 자릅니다. 재봉이 끝나면 시침질한 실을 잡아당겨 빼내줍니다.

8) 재봉틀의 주요 재봉기법

재봉틀을 사용한 박음질, 말아박기, 주름 잡기 팁은 작품마다 설명해두었습니다. 작품을 만들 때 각각의 페이지를 보며 참고해주세요.

5. 초보 블로거들을 위한 팁: 작품을 예쁘게 올리는 법

요즘은 집집마다 디카 하나쯤은 가지고 있을 정도로 보편화됐지요. 작은 똑딱이 카메라 외에 DSLR 보급률도 굉장히 높아져서, 길에서 커다란 전문가용 카메라를 메고 다니는 이들을 자주 만날 수 있어요. 블로그가 활성화되면서 남들보다 조금 더 예쁜 사진을 올려두고 싶다는 열망이 커진 탓일거라고 생각합니다.

요즘은 TV 광고에서도 주부들이 DSLR을 자유자재로 다루는 모습을 보여주지요. 요즘은 살림과 육아뿐만이 아니라 사진 실력까지 뛰어난 주부들이 참 많습니다. 자신의 생활을 사진으로 남기거나 요리·홈패션·북리뷰 등 가장 자신 있는 주제를 가지고 블로그에 지속적으로 업데이트하며 이웃들과 소통하는 일은 각별한 즐거움을 줍니다.

저 역시 6년 전 DSLR을 섭하고 사진을 찍기 시작했습니다. 전문가도 아니고, 취미 이상으로 여겨본 일도 없기에 부족한 점이 많지만 굉장히 유용한 취미가 되었어요. 홈패션이라는 분야에 흥미를 느끼기 시작한 이후, 제가 만든 작품을 예쁘게 찍어 올리고 싶다는 마음이 컸거든요. 그래서 나름대로 공부를 해가며 블로그를 꾸려나갔답니다.

전문가만큼은 못 되겠지만, 블로그에 예쁘게 사진을 올리고 싶어하는 초보 블로거들을 위해 간단한 팁을 몇 가지 드려볼까 해요.

1) 작은 작품은 클로즈업해서 찍으세요

인형이나 작게 만든 소품들은 포인트를 주고 여러 가지 각도에서 클로즈업해서 찍으면 작품의 특징이 훨씬 살아납니다.

2) 집안의 자투리 공간에 사진을 찍을 수 있는 작은 스튜디오를 만들어보세요

집안에 남는 공간이 있다면 작품 사진을 찍을 수 있는 나만의 스튜디오를 만들어보는 것도 좋습니다. 공간이 크지 않아도 돼요. 저 역시 화단 역할을 하지 못하는 안방 베란다를 소박한 스튜디오로 만들었어요. 벽면에 패널과 벽돌을 손수 붙이고 선반을 다는 것뿐이었는데, 분위기는 완전히 달라졌답니다. 원래는 우리 부부가 쉴 수 있는 휴식 공간으로 만들고 싶어 작업을 시작했는데, 사진을 찍는 공간으로 용도가 확장된 것이지요. 패널이나 벽돌은 인터넷 사이트를 통해 저렴하게 구입할 수 있으며, 만드는 방법 또한 인터넷에서 금세 찾을 수 있어요. 보면서 따라하는 것도 전혀 어렵지 않고요. 작은 금액과 정성으로 개성 있는 스튜디오를 만들어보면 어떨까요?

3) 작품을 돋보이게 해주는 생활 속 소품들을 이용해보세요

갖가지 소품들을 구입해두고 사진을 찍으면 좋겠지만, 매번 그러기엔 금전적인 부담이 크겠지요. 이미 가지고 있는 향수나 화장품, 액세서리, 주방용품이나 식재료, 화분, 애완동물과 함께 사진을 찍어보세요. 아주 작은 연출만으로도 작품을 돋보이게 할 수 있답니다.

4) 사진의 화이트밸런스를 꼭 잡아주세요

햇빛 아래에 사진을 찍으면 뽀얗게 보이는 피부가 백열등 아래에서는 붉게 나오고, 형광등 밑으로 오면 푸르스름한 빛이 돌지요. 이는 사진의 화이트밸런스 문제입니다. 화이트밸런스는 간단히 말하자면, 색의 균형을 잡는 걸 의미해요. 실제로 우리가 흰색이라고 생각하는 것도 빛의 파장에 따라서 여러 가지 다른 색으로 반사되어 보이지요. 사진기가 빛을 있는 그대로 받아들이기 때문에 우리가 원하는 톤을 얻으려면 화이트밸런스를 조정해야합니다.

화이트밸런스 맞추기 전   화이트밸런스 보정 후 밝기 조정

화이트밸런스를 잡기 위한 방법은 여러 가지가 있어요. 첫 번째로는 사진기 기능을 이용해 화이트밸런스를 미리 맞추는 것입니다. 카메라 메뉴에서 화이트밸런스 설정으로 들어가보세요. 태양, 형광등, 백열등, 번개표시 등이 보이지요? 이는 각각 조명이 햇빛인지, 형광등인지, 백열등인지, 플래시를 사용하는지 등을 설정하는 거예요. 촬영 환경에 맞게 미리 설정하고 찍으면 훨씬 좋은 결과물을 얻을 수 있습니다.

그리고 보조적인 방법으로, 그레이카드나 QP카드를 이용해 맞추기도 합니다. 둘 다 노출과 톤을 조정하는 데 도움을 주는 카드로 인터넷에서 검색을 해보면 쉽게 구입할 수 있습니다.

또 하나의 방법은 카메라에서 미리 화이트밸런스를 세팅하지 않고, 오토로 사진을 찍은 뒤에 포토샵이나 라이트룸 또는 각 카메라 브랜드에서 제공하는 사진 소프트웨어를 통해 조정하는 것입니다. 이 경우엔 사진 프로그램을 한두 개쯤 알고 있어야겠죠? 사진 프로그램은 다음 페이지에 소개해두었습니다.

5) 포토샵이나 간단한 사진편집 프로그램 하나쯤은 배워두자

디지털 카메라의 가장 큰 장점은 원래 사진을 내 취향에 맞게 보정하거나 가공할 수 있다는 점이겠죠. 포토샵이 가장 편리한 프로그램이긴 하지만, 프로그램을 구하고 익히기가 조금 까다롭습니다. 만일 포토샵이 어렵고 익숙지 않은 분이라면, 각종 포털 사이트의 자료실에서 무료로 받을 수 있는 프로그램을 이용하는 것도 좋습니다. 기능도 비교적 단순하고 쉬워서 금방 배울 수 있어요. 몇 가지만 소개해드릴게요.

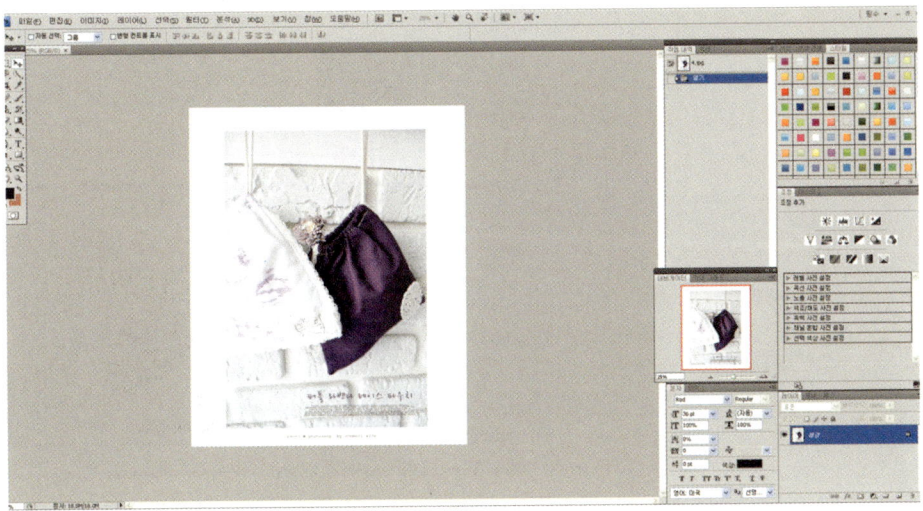

무료 사진편집 프로그램

1. **포토스케이프** 여러 이미지를 한꺼번에 작업할 수 있고, 부가 기능이 많아 편리합니다.
   http://www.photoscape.co.kr

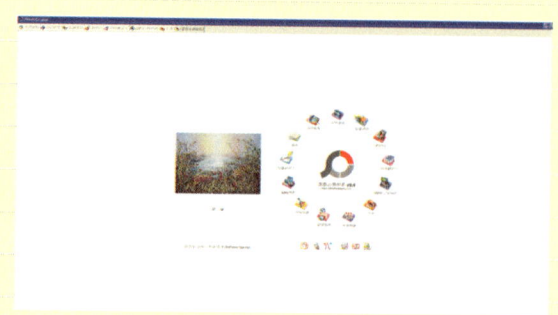

2. **포토웍스** 프리웨어라 다운받기 쉽고, 여러 장의 이미지를 자동으로 편집할 수 있습니다. 액자를 만들거나 출처 표기를 하는 정도의 간단한 작업이 가능해요.
   http://www.andojung.com

3. **피카사** 구글에서 배포하는 사진 프로그램으로, 사진으로 슬라이드 동영상을 만들 수 있습니다.
   http://www.picasa.google.com

그 외에 무료로 사용할 수 있는 사진편집 프로그램으로 페인트닷넷(http://www.getpaint.net) 등이 있습니다. 여러 가지를 검색해보고, 가장 편리한 프로그램을 사용해보세요.

02 생활 레시피

생활 소품 만들기

볼 때마다 기분 좋아지는 예쁜 소품들,
손바느질로 쓱싹쓱싹 만들어볼까요?
바늘과 작은 천 하나로 나를 위한 작은 사치를 부려보세요.

Sewing Recipe

난이도 ★

손바느질, 재봉틀 모두 가능
도안 필요 없음

❶ 원단 및 재료 준비 미리 필요한 원단을 준비해 재단해두세요.
❷ 원단 재단(왼쪽에서부터 순서대로 원사이즈 패치, 3단 가로 패치, 3단 세로 패치)
❸ 조각 원단 박음질 원단 겉과 겉을 서로 맞대어 그림처럼 박음질하세요.

기본재료

수건 4장
패치할 원단(컬러별로 다양하게)
면 레이스
라벨

재단하기

위아래, 양옆 시접 1cm가 포함된 치수입니다. 시접을 따로 그리지 않으셔도 됩니다. 저는 가로 32cm짜리 수건을 기준으로 했는데, 집에 있는 수건 사이즈에 맞게 적당히 조절해 재단하세요.

❶ 원사이즈 원단
   가로 33cm × 세로 17cm(2장)

❷ 3단 세로 패치
   각기 다른 원단으로, 가로 12cm × 세로 17cm(3장)

❸ 3단 가로 패치
   각기 다른 원단으로, 가로 33cm × 세로 6.5cm(3장)

❹ 가름솔 다림질 패치한 원단의 가름솔 부분을 다려주세요.
❺ 사방 1cm씩 시접 접어 다리기 원사이즈 원단 2장과 패치 원단 2장 모두 사방 1cm 안쪽으로 접어 다려주세요.
❻ 수건과 원단을 시침핀으로 고정하기 원하는 위치에 시침핀으로 잘 고정해주세요.

❼ 위아래 옆 박음질하기
❽ 아랫단 레이스 달기 면 레이스를 아랫부분에 달아주세요.
❾ 라벨 달기 예쁜 라벨을 포인트가 될 수 있는 위치에 고정시켜 겉에서 박아주세요.

Square Tissue Cover
베이직 사각 티슈커버

Sewing Recipe

난이도 ★★
손바느질, 재봉틀 모두 가능
도안 필요 없음

기본재료

베이지 스트라이프 원단
누빔지
마끈
면 레이스

재단하기

원단 및 누빔지 모두 위아래, 양옆 시접 1cm가 포함된 치수입니다. 시접을 따로 그리지 않으셔도 돼요.

❶ 겉감
  티슈 둘레 원단: 75×13cm 1장
  티슈 덮개 원단: 6.5×25cm 2장

❷ 누빔지
  티슈 둘레 누빔지: 75×13cm 1장
  티슈 덮개 누빔지: 6.5×25cm 2장

❸ 레이스
  75cm 1장, 25cm 2장

❹ 마끈
  15cm 2개

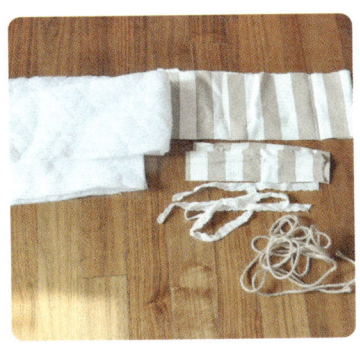

1 원단 준비 및 재단 미리 필요한 원단을 준비해 재단해두세요.

2 올풀림 방지 작업 티슈 덮개 부분과 둘레 부분에 누빔지를 맞대어 양옆 모두 감침질이나 오버록 해주세요.

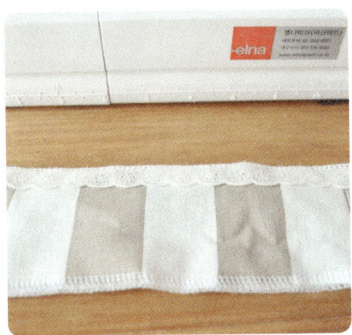

3 면 레이스 달기 티슈 입구 양쪽에 레이스를 달아주세요.

4 티슈 덮개 부분 서로 맞대어 박기 덮개 부분 양옆 3cm씩만 지그재그로 박아 이어주세요.

5 마끈 달아주기 티슈 덮개 양옆에 마끈 가운데 부분을 고정해주세요.

6 커버 둘레 부분 원단에 레이스 달기 원단 바깥쪽에 레이스를 달아주세요.

7 티슈 둘레 부분과 덮개 부분의 겉을 맞대어 박음질하기

8 티슈 둘레 원단이 만나는 부분을 맞대어 박음질하기

9 마무리 되지 않은 티슈 둘레 부분과 덮개 부분을 맞대어 박음질하기

10 양 옆 모서리를 0.5cm 자르고 뒤집어주면 완성

인테리어 소품용으로도 훌륭한 베이직 스타일 사각 티슈커버.
스트라이프를 어긋나게, 세련된 티슈커버로 간단 인테리어 뚝딱.

진주 코사지 라운드 티슈커버

purple lavender round tissue cover

Sewing Recipe

난이도 ★★
손바느질, 재봉틀 모두 가능
도안 필요 없음

기본재료

리넨 무지 원단
리넨 플라워 원단
누빔지
레이스 원단
구멍이 있는 토숀 레이스
구슬 매듭(2개)
리본테이프(여밈용)

진주 코사지 브로치 재료

리본테이프(장식용)
망사 원단(브로치, 진주 단추)

부재료

글루건
끼우개

재단하기

원단 및 누빔지 모두 위아래, 양옆 시접 1cm가 포함된 치수입니다. 시접을 따로 그리지 않으셔도 돼요.

❶ 겉감
   티슈 둘레 원단: 50×15cm 1장
   바닥 원형 원단: 지름 15cm 1장

❷ 누빔지
   티슈 둘레 누빔지: 50×15cm 1장
   바닥 원형 누빔지: 지름 15cm 1장

❸ 레이스
   레이스 윗단: 9×90cm 1장
   중간 무지 원단: 10×90cm 1장
   레이스 아랫단: 12×90cm 1장

❹ 토숀 레이스 50cm 1장

❺ 리본테이프 1×80cm 1장

❻ 진주 코사지 망사 원단
   지름 5cm 20장
   지름 4cm 15장
   지름 2cm 2장

❼ 진주 코사지 리본테이프
   1×20cm 1장

TIP 원단을 원형으로 재단하실 때는 종이에 컴퍼스를 대고 필요한 크기대로 원을 그려 오린 후, 종이를 원단에 대고 자르시면 편해요.

1 **원단 준비 및 재단하기** 미리 필요한 원단을 준비해 재단해두세요.

2 **재단한 원단과 누빔지를 맞대어 박음질하기** 각각 사이즈에 맞게 겉감 안과 누빔지 안을 맞대어 박음질하세요.

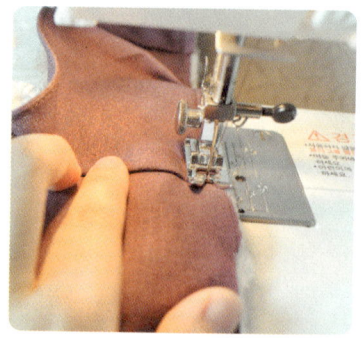

3 **레이스 중간단 말아박기** 말아박기 할 부분을 살짝 두 번 접에서 노루발 사이에 끼워넣으세요. 그리고 오른손으로 원단을 말아 쥐어가며 노루발 안으로 잘 들어갈 수 있도록 박으면 쉽게 할 수 있어요.

4 **티슈 둘레 겉면에 레이스 아랫단 달기** 티슈 둘레 원단 겉에 레이스 아랫단을 손으로 주름을 잡아가며 박음질하세요.

5 **중간단 원단을 티슈 둘레 겉면에 달기** 말아박기 한 중간단 원단을 손으로 주름을 잡아가며 박음질하세요.

6 **티슈 둘레 겉면에 레이스 윗단 달기** 티슈 둘레 원단 겉에 레이스 윗단을 손으로 주름을 잡아가며 박음질하세요.

7 **레이스와 원단이 맞닿은 부분 오버록 하기** 오버록으로 시접을 정리해주세요.

8 **눌러박기** 제일 위쪽 레이스를 한 장 젖혀서 아래쪽 시접은 본판 방향(아래쪽)으로 꺾고, 중간 레이스와 윗단 레이스가 맞닿은 부분을 눌러 박음질해주세요.

9 **본판 안쪽에 토션 레이스 달기** 본판 안쪽에 토션 레이스를 누빔천 쪽에 가깝게 고정시킨 후 양옆으로 한 줄씩 박음질해주세요.

10 **원형 바닥과 본판 합봉하기** 본판의 양옆을 1cm 남기고 원형 바닥의 겉과 본판의 겉을 맞대어 박음질해주세요.

11 **본판 옆부분 이어주고 오버록 하기** 본판 양옆 남겨진 부분을 겉과 겉 맞대어 1cm 시접을 두고 박음질한 뒤, 오버록 처리해주세요.

12 **원형 바닥과 본판 마무리 박음질** 오버록 처리 후, 본판을 원형 바닥에 눌러 박음질해주세요. 그리고 원형 바닥 부분의 시접을 오버록하세요.

13 **토션 레이스에 리본 테이프 달기** 리본 테이프를 옷핀이나 끼우개를 이용하여 토션 레이스의 구멍에 통과시켜주세요.

14 **리본테이프 양옆에 구슬매듭 달기**

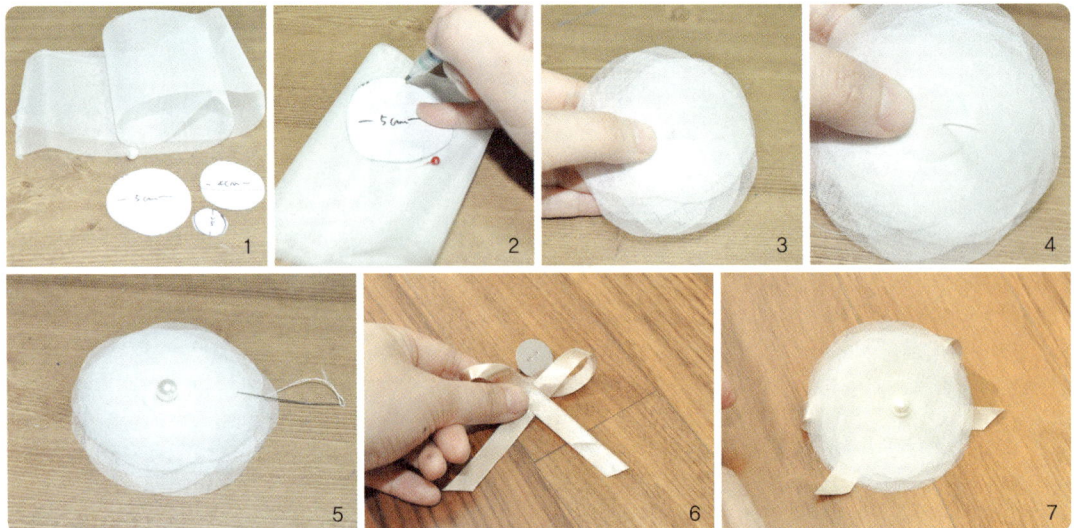

15 진주 코사지 브로치 만들기

1) 망사 원단과 진주 단추 그리고 종이에 그려둔 원형 패턴을 준비해주세요.
2) 망사 원단을 여러 겹 겹쳐서 준비된 패턴을 대고 재단해주세요.
3) 큰 원은 서로 겹쳐가며 둥근 원을 만들어주시고 홈질로 겹쳐진 원들을 고정시켜주세요. 큰 원 위에 중간 원도 큰 원과 동일한 과정으로 겹쳐서 고정시켜주세요.
4) 가장 작은 둥근 원을 가운데 홈질로 고정시켜주세요.
5) 진주 단추를 가운데 달아주세요.
6) 리본 브로치 만들기: 사진처럼 리본 테이프를 엇갈리게 잡고 글루건으로 브로치에 고정시켜주세요.
7) 진주 코사지 달기: 글루건을 이용하여 리본 브로치에 달아주세요.

16 티슈커버 겉면에 달기

드레스 자락처럼 풍성한 세 겹의 레이스와
진주 코사지의 조화.

brown & blue
patchwork blanket

패치 무릎 담요

Sewing Recipe

난이도 ★★
손바느질, 재봉틀 모두 가능
도안 필요 없음

기본재료
블루와 브라운 컬러의 조각 원단
엠보 극세사 원단
라벨
브라운 토숀 레이스

재단하기
겉감과 안감 모두 시접 1cm씩 포함된 사이즈입니다. 시접은 따로 그리지 않으셔도 돼요. 무릎 담요 전체 사이즈는 80×80cm입니다.

① 패치 원단
　11×11cm, 총 64장 준비
② 뒷면 엠보 극세사 원단　82×82cm
③ 브라운 토숀 레이스
　패치 전체 사이즈 둘레만큼
　(328cm 길이로 준비)

① 원단 및 재료 준비 미리 필요한 원단을 준비해 재단해두세요.
② 앞면 무늬 원단 패치하기 8장씩 64장의 원단을 겉과 겉 맞대어 8줄 완성해주세요.
③ 가름솔 다림질하기 원단 8줄의 가름솔을 갈라 다림질하세요.

④ 앞면 완성하기 8줄의 원단 겉과 겉을 맞대어 박아주세요.
⑤ 뒷면 가름솔 다림질하기
⑥ 패치 겉면에 레이스 달기 레이스 끝이 겉면 안쪽을 향하게 달아주세요.

⑦ 패치한 겉면에 라벨 달기
⑧ 패치한 앞면 겉과 뒷면 겉을 맞대어 창구멍만 남겨두고 박음질하기
⑨ 원단을 뒤집고 겉에서 전체적으로 눌러박기 해주면 완성

플라워 코사지 베이비 룸 슈즈

Sewing Recipe

난이도 ★★
손바느질, 재봉틀 모두 가능
실물 도안 있음

기본재료

레드 무지 원단
플라워 원단
레이스
4온스 접착심지
똑딱이 단추

부재료

글루건

재단하기

겉감과 안감, 발등끈은 패턴을 대고 선을 그린 뒤 시접 1cm를 더 그려주세요. 단, 접착심지는 시접 없이 그려줍니다. 왼쪽, 오른쪽 발바닥 구분이 없습니다.

① 겉감
　본판 플라워 원단: 2장
　발바닥 부분 플라워 원단: 2장

② 안감
　본판 레드 무지 원단: 2장
　발바닥 부분 레드 무지 원단: 2장

③ 4온스 접착심지
　본판 2장, 발바닥 2장

④ 발등끈 2장

⑤ 플라워 코사지
　플라워 원단: 지름 4cm 3장
　레드 무지 원단: 지름 4cm 10장

❶ **원단 및 재료 준비** 미리 필요한 원단을 준비해 재단해두세요.

❷ **안감 슈즈 몸판과 발바닥 안쪽에 접착심지 붙이기** 접착심지의 까끌까끌한 면과 붙이려는 원단 안쪽면을 맞대주세요. 그리고 다리미로 꾹꾹 눌러서 스팀 없이 다림질하세요.

❸ **겉감 뒤꿈치 박음질하기** 겉감 뒤꿈치 부분을 겉과 겉 맞대어 박음질한 후 가름솔을 갈라 다리미로 눌러주세요.

4 **겉감 뒤꿈치에 레이스 달기** 패브릭 본드를 레이스에 소량 바르고 원단 겉에서 다리미의 열기로 고정시켜주세요.

5 **안감 몸판 뒤꿈치 연결하기** 안감 뒤꿈치 부분 겉과 겉을 맞대어 박음질한 후 가름솔을 갈라 다리미로 눌러주세요.

6 **겉감 몸판과 발바닥 연결하기** 겉감 몸판 겉과 발바닥 겉을 맞대어 시침핀으로 고정해주세요. 그리고 둘레를 박음질하세요. 안감 몸판과 발바닥도 동일하게 연결하시면 됩니다.

7 **발등끈 만들기** 재단한 발등끈 원단을 창구멍만 남겨두고 박음질한 뒤 뒤집어주세요.

8 발등끈을 슈즈 몸판 겉에 고정하기 발등끈을 두 개의 슈즈 양 옆에 고정시켜주세요.

9 몸판 안감과 겉감 박음질하기 안감 겉과 겉감 겉을 맞대어, 발목 부분에 창구멍을 남겨두고 박음질해주세요.

10 뒤집어서 창구멍 공그르기 하고 똑딱이 단추 달기

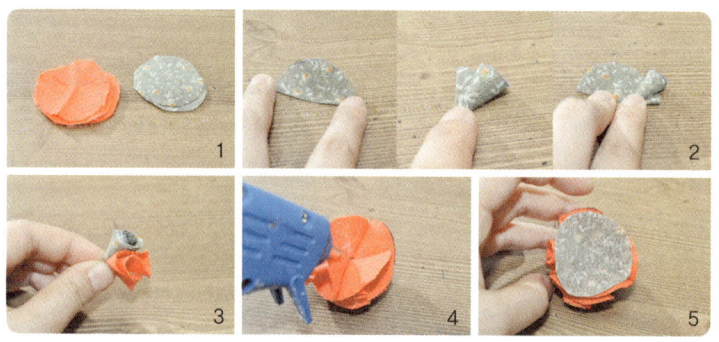

11 플라워 코사지 만들기
1) 코사지용 원단을 준비하세요.
2) 코사지 안쪽의 작은 꽃 만들기: 플라워 원단을 반 접어, 끝부터 동그랗게 말아주세요. 플라워 원단 한 장을 아래에 덧대어 다시 동그랗게 말아주세요.
3) 레드 원단을 반 접고, 다시 엇갈리게 반으로 접으세요.
4) 돌돌 말아둔 플라워 원단 주변을 둘러가며 반으로 접은 레드 원단 10장을 글루건으로 붙여주세요.
5) 꽃 바닥에 플라워 원단 한 장을 덧대어주세요. 글루건으로 고정시키면 됩니다.

12 완성된 꽃을 슈즈 겉에 고정시키기 글루건이나 바느질로 고정시키면 됩니다.

아기용 룸슈즈는 아기가 태어나기 전까진
실용성보다는 엄마의 기다림과 바람이 깃든,
조금은 애틋한 물건이다.
아기가 건강히 태어나
이 신발을 예쁘게 신어주길 바라는 마음으로
한 땀 한 땀 바느질하다보면,
미래에 태어날 아기와 나의 거리가 좁혀지는 기분이다.

Flower printed room shoes

플라워 룸 슈즈

Sewing Recipe

난이도 ★★★
손바느질, 재봉틀 모두 가능
실물 도안 있음

기본재료
도트 무늬 원단
플라워 원단
레이스
4온스 접착심지
똑딱이 단추

부재료
패브릭 본드

재단하기
겉감과 안감, 발등끈은 패턴을 대고 선을 그린 뒤 시접 1cm를 더 그려주세요. 단, 접착심지는 시접 없이 그려줍니다. 왼쪽, 오른쪽 발바닥 구분이 있습니다.

❶ 겉감
  본판 도트 원단: 2장
  앞코 부분 꽃무늬 원단: 2장
  왼쪽, 오른쪽 발바닥 부분 도트 원단: 2장

❷ 안감
  본판 도트 원단: 2장
  왼쪽, 오른쪽 발바닥 부분 꽃무늬 원단: 2장

❸ 4온스 접착심지
  본판 2장, 발바닥 2장

❹ 발등끈 2장

1 **원단 및 재료 준비** 미리 필요한 원단을 준비해 재단해두세요.

2 **겉감 몸판 만들기** 레이스를 겉감 도트 본판 바깥쪽에 달아주고, 꽃무늬 앞코부분을 1cm 안으로 접어주세요. 그리고 도트 본판 겉과 맞대어 공그르기하세요.

3 **겉감 뒤꿈치 박음질하기** 겉감 뒤꿈치 부분 겉과 겉을 맞대어 박음질한 후, 가름솔을 갈라 다리미로 눌러주세요.

4 **겉감 뒤꿈치 레이스 달기** 패브릭 본드를 레이스에 소량 발라, 원단 겉에서 다리미로 고정시켜주세요.

5 **안감 몸판과 발바닥 안쪽에 접착심지 붙이기** 접착심지의 까끌까끌한 면과 붙이려는 원단 안쪽면을 맞대주세요. 그리고 다리미로 꾹꾹 눌러서 스팀 없이 다림질하세요.

6 **안감 몸판 뒤꿈치 연결하기** 안감 뒤꿈치 부분 겉과 겉을 맞대어 박음질한 후, 가름솔을 갈라 다리미로 눌러주세요.

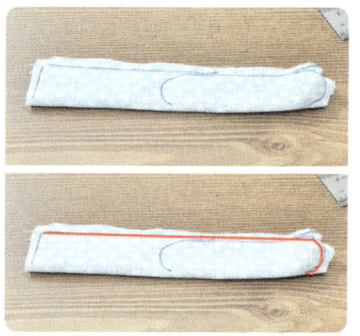

7 **앞코 부분 주름 잡아주기** 홈질로 자연스럽게 바느질한 뒤 실을 당겨 손주름을 잡아주세요.

8 **겉감 몸판과 발바닥 연결하기** 겉감 몸판 겉과 발바닥 겉을 맞대어 시침핀으로 고정해주세요. 그리고 둘레를 박음질해주세요. 안감 몸판과 발바닥도 동일하게 연결해주세요.

9 **발등끈 만들기** 재단한 발등끈 원단을 창구멍을 남겨두고 박음질한 뒤 뒤집어주세요.

10 **발등끈을 몸판 겉에 고정하기** 발등끈을 두 개의 슈즈 양 옆에 고정시켜주세요.

11 **몸판 안감과 겉감 합봉하기** 안감 겉과 겉감 겉을 맞대어, 발목 부분에 창구멍을 남겨두고 박음질해주세요.

12 **뒤집어서 창구멍 공그르기하기 하고 똑딱이 단추 달기** 공그르기 후 발등끈 안쪽과 슈즈 겉에 똑딱이 단추를 달아주세요.

03 소품 레시피

개인 소품 만들기

아무리 비싼 것과도 바꿀 수 없는 나만의 물건들.
내추럴한 패브릭의 감촉을 가까이서 느껴보세요.

둥근 프레임 동전지갑

Sewing Recipe

난이도 ★★
손바느질로 가능
실물 도안 있음

기본재료
둥근 프레임(9.5cm)
패치, 꽃무늬 등 리넨 원단 2가지
4온스 접착심지

재단하기
겉감과 안감은 패턴을 대고 선을 그린 뒤 시접 1cm를 더 그려주세요. 단, 접착심지는 시접 없이 그려줍니다.

❶ 겉감
  앞뒷면(A) 겉감: 2장
  옆면(B) 겉감: 2장

❷ 안감
  앞뒷면(A) 안감: 2장
  옆면(B) 안감: 2개

❸ 4온스 접착심지
  앞뒷면: 2장
  옆면: 2장

1 원단 및 재료 준비 미리 필요한 원단을 준비해 재단해두세요.

2 접착심지 붙이기 겉감 안쪽과 안감 안쪽에 접착심지를 붙입니다. 접착심지의 까끌까끌한 면과 붙이고자 하는 원단 안쪽면을 맞대고, 다리미로 꾹꾹 눌러서 스팀 없이 다림질해주세요.

3 겉감 A→B→A→B 연결하기 앞뒷면(A)과 옆면(B) 원단 겉과 겉을 맞추어 박음질해주세요.

4 안감 A→B→A→B 연결하기 앞뒷면(A)과 옆면(B) 원단 겉과 겉을 맞추어 박음질해주세요.

5 **겉감과 안감 맞대어 박음질하기** 이어붙여둔 겉감을 뒤집어서 안감 겉면과 잘 맞추어 창구멍을 남겨두고 박음질해주세요.

6 **뒤집기** 창구멍 사이로 모양이 나오도록 잘 뒤집어주세요.

7 **창구멍 막아주기** 공그르기로 창구멍을 막아주세요.

8 **프레임 연결하기** 프레임 중심과 원단을 잘 맞추어 핀으로 고정해두세요. 그리고 중심에서부터 구멍을 통과시켜 촘촘히 바느질을 하세요. 오른쪽에서 왼쪽까지 바느질을 마쳤다면, 왼쪽에서 오른쪽으로 다시 한 번 바느질해주세요. 반대쪽 프레임도 똑같이 연결해주면 완성입니다.

리넨의 톡톡한 느낌이 그대로.
짤랑짤랑~ 나만의 동전지갑을 만들어보자.

레이스 포인트 화장품 파우치

linen country dot pouch

Sewing Recipe

난이도 ★★★

손바느질, 재봉틀 모두 가능
실물 도안 있음

기본재료

겉감용 도트 무늬 원단
안감용 플라워 원단
4온스 접착심지
면 레이스
가죽 라벨
참 장식 지퍼(23cm짜리)

재단하기

겉감과 안감은 패턴을 대고 선을 그린 뒤 시접 1cm를 더 그려주세요. 단, 접착심지는 시접 없이 그려줍니다.

① 겉감 1장
② 안감 1장
③ 접착심지 1장
④ 지퍼 연결 원단
    겉감 2장, 안감 2장
⑤ 면레이스 25cm

1 원단 및 재료 준비 미리 필요한 원단을 준비해 재단해두세요.

2 겉감에 접착심지 붙이기 접착심지의 까끌까끌한 면과 붙이고자 하는 원단 안쪽면을 맞대고, 다리미로 꾹꾹 눌러서 스팀 없이 다림질해주세요.

3 지퍼와 지퍼 연결 원단 박음질하기 지퍼 겉면과 지퍼와 연결할 원단 겉면을 시침핀으로 고정한 뒤, 양옆 1cm 안쪽에서 박음질해주세요.

4 겉감에 레이스 달기 손주름을 잡아가며 동그랗게 모양을 만들어 박음질해주세요.

5 레이스 위에 가죽 라벨 달기

6 **겉감 몸판에 지퍼 달기** 지퍼 겉면과 겉감 몸판 겉면을 맞대어 시침핀으로 고정시킨 후, 색깔 있는 실로 시침질해주세요. 그리고 박음질하여 지퍼를 달아주시면 됩니다. 반대쪽 지퍼도 지퍼를 열어 동일한 방법으로 달아주세요.

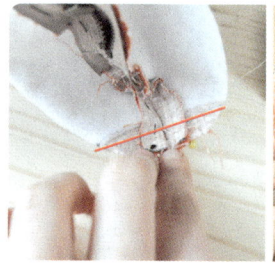   

7 **바닥 만들기** 가름솔을 갈라 표시된 선끼리 마주 닿게 접어준 후, 1cm 시접을 두고 박음질해주세요. 뒤집으면 겉감이 완성됩니다.

8 **안감 만들기** 안감 양 옆선에 안감용 지퍼 연결 원단 겉면을 맞대고 박음질해주세요. 반대쪽도 똑같이 해주세요.

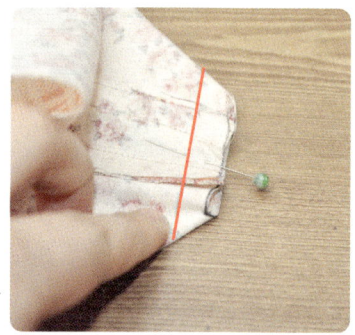  

9 **안감 바닥 만들기** 가름솔을 갈라 표시된 선끼리 마주 닿게 접어준 후, 1cm 시접을 두고 박음질해주세요.

10 **합봉하기** 겉감의 안쪽면과 안감의 안쪽면이 서로 잘 맞도록 안감을 겉감 속에 집어넣어 시침핀으로 고정시켜주세요.

11 **입구 전체 공그르기** 지퍼 안쪽에서 안감의 시접을 안쪽으로 1cm 접어가며 겉감과 안감을 공그르기로 연결해주세요.

가끔씩 재봉틀을 놓고 손바느질로 인형을 만든다. 핸드메이드 제품을 만드는 게 다 그렇지만, 인형을 완성시키는 건 각별한 느낌이다. 꼭 내 손으로 살아 있는 무언가를 창조해낸 듯한 기쁨… 가끔은 요 녀석이 내게 말을 걸어올 것 같다.

빈티지 스타일 카드케이스

ral vintage style card case

Sewing Recipe

난이도 ★
손바느질, 재봉틀 모두 가능
도안 필요 없음

기본재료
플라워 원단
체크 원단
4온스 접착심지
가죽끈
우드 단추
라벨
가죽 단추

부재료
패브릭 본드

재단하기
겉감과 안감 모두 위아래, 양옆 시접 1cm가 포함된 치수입니다. 시접을 따로 그리지 않으셔도 돼요. 단, 접착심지는 시접을 주지 않습니다.

❶ 겉감
  겉감 플라워 본판: 19×13cm 1장
❷ 안감
  체크 원단: 19×13cm 1장
  꽃이 부분: 14×13cm 2장
❸ 접착심지
  겉감 접착심지: 17×11cm 1장
  꽃이 부분 접착심지: 7×12cm 2장

1 원단 및 재료 준비 미리 필요한 원단을 준비해 재단해두세요.

2 겉감에 접착심지 붙이기 접착심지의 까끌까끌한 면과 붙이고자 하는 원단 안쪽면을 맞대고, 다리미로 꾹꾹 눌러서 스팀 없이 다림질해주세요.

3 꽃이 여밈 부분에 접착심지 붙이기 꽃이 여밈 부분 반쪽에 접착심지를 붙여주세요. 나머지 한 장도 동일한 방법으로 접착심지를 붙여주세요.

4 가죽끈 달기 가죽끈을 반으로 접어, 원단 프린트 안쪽으로 오게 해서 달아주세요.

5 **합봉하기** 겉감의 겉면 위에 꽃이 부분의 열린 쪽이 바깥으로 향하게 양쪽으로 배치하고, 그 위에 안감 안쪽 면이 위에 오도록 배치합니다. 창구멍을 남겨두고 사방을 박음질해주세요.

6 시접 0.5cm 남겨두고 둘레 정리하기

7 창구멍으로 뒤집고 공그르기

8 겉면에 우드 단추 달기

9 안감에 라벨 및 가죽 장식 달기
라벨은 패브릭 본드로 안감 안쪽에 붙여주고 가죽 단추도 달아주세요.

뒤죽박죽,
어려운 카드 정리도 멋스럽게 뚝딱.

블루마린 여권지갑

marine passport case

Sewing Recipe

난이도 ★★
손바느질, 재봉틀 모두 가능
도안 필요 없음

기본재료

마린 원단
체크 원단 2종류
화이트 무지 원단
네이비 무지 원단
스트라이프 원단
종이 원단
4온스 접착심지
가죽끈
도트 단추(암수)
종이 라벨
카메라 참 장식

부재료

패브릭 본드
고무 망치
도트 단추 훅 기구 세트
수성펜

재단하기

겉감과 안감, 꽃이 부분 모두 위아래, 양옆 시접 1cm가 포함된 치수입니다. 시접은 따로 그리지 않으셔도 돼요. 접착심지는 시접을 주지 않습니다.

❶ 겉감
  마린 원단: 22.5×17cm 1장

❷ 안감
  체크 원단: 22.5×17cm 1장

❸ 꽃이 원단
  화이트 무지 원단: 15×17cm 2장

❹ 꽃이 포켓
  스트라이프 윗단: 16×14cm 1장
  체크 중간단: 16×12cm 1장
  네이비 무지 아랫단: 16×10cm 1장
  프린트 종이 원단: 7×6cm 1장

❺ 접착심지
  겉감용: 21×15cm 1장
  꽃이 부분용: 13×15cm 2장

❻ 가죽끈
  2×8.5cm 1장

1 원단 및 재료 준비 미리 필요한 원단을 준비해 재단해두세요.

2 겉감과 꽃이 부분에 각각 접착심지 붙이기 접착심지의 까끌까끌한 면과 붙이고자 하는 원단 안쪽면을 맞대고, 다리미로 꾹꾹 눌러서 스팀 없이 다림질해주세요.

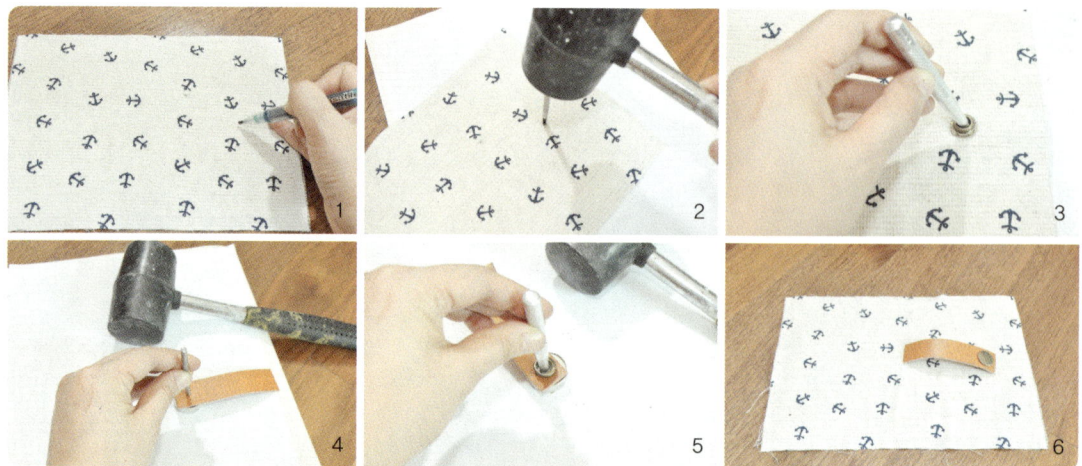

3 도트 단추 달기

1) 원단 겉면에 도트 단추를 달 위치를 수성펜으로 표시해주세요.
2) 펀치로 구멍을 내주세요.
3) 겉자락에 안숫놈을 끼우고 반대편에 안암놈을 맞춰 누름쇠로 박아주세요.
4) 가죽끈 겉에 구멍자리 표시하고 펀치로 구멍을 내주세요.
5) 가죽끈 겉에 겉숫놈을 끼우고 반대편에 겉암놈을 맞춰 누름쇠로 박아주세요.
6) 도트 단추를 단 가죽끈을 겉면 단추에 고정시켜주세요.

4 꽃이 원단에 포켓 달기
꽃이 원단을 반으로 접고 그림처럼 포켓 원단을 반으로 접어 위, 중간, 아래로 나눠 고정시켜주세요.

5 포켓 부분 양옆 박음질하기

6 종이 원단을 꽃이 포켓 아랫부분에 고정시키기
종이 원단을 고정시킨 후 윗부분을 남겨두고 양옆 아랫부분은 박음질해주세요.

7 **합봉하기** 겉감의 겉면 위에 꽂이 부분의 열린 쪽이 바깥으로 향하게 양쪽으로 배치하고, 그 위에 안감 안쪽 면이 위에 오도록 배치합니다. 창구멍을 남겨두고 사방을 박음질해주세요.

8 시접 0.5cm 남겨두고 둘레 정리하기

9 창구멍으로 뒤집은 뒤 공그르기

10 **가죽끈 고정하기** 그림처럼 가죽끈을 반대편 바깥으로 고정시킨 후 박음질해주세요.

11 카메라 참 장식과 라벨을 붙여주면 완성

패브릭 스티커로
다이어리 간단 리폼하기

Sewing Recipe

난이도 ★
손바느질, 재봉틀 모두 가능
도안 필요 없음

❶ 원단 및 재료 준비 미리 필요한 원단을 준비해 재단해두세요.
❷ 다이어리 양옆에 잘라둔 베이지색 마린 스티커 원단 붙이기
❸ 본판에 2색 마린 원단 붙이기 접착면에 기포가 생기지 않게 잘 붙여주세요.

기본재료

다이어리 또는 수첩
마린 패브릭 스티커 원단 2종류
레이스 스티커
종이 라벨
마끈
라피아끈
우드 단추

부재료

굵은 바늘
패브릭 본드 또는 글루건

재단하기

스티커 원단은 별도의 재봉 과정 없이 간단히 떼어서 원하는 곳에 붙일 때 매우 유용합니다. 기호에 따라 소지한 다이어리 사이즈에 위·아래·양옆으로 1cm씩 여유를 두어 안으로 시접을 접어주셔도 됩니다.

다이어리 사이즈 예: 25.5×18.5cm

❶ 2색 마린 본판
   20.5×18.5cm 1장
❷ 베이지색 마린 원단
   4×18.5cm 2장
❸ 레이스 스티커
   18.5cm 2장

4 양옆에 레이스 스티커 원단 붙이기

5 앞면에 장식 우드 단추 달기 종이를 통과해야 하므로 굵은 바늘을 이용해주세요.

6 단추 사이에 라피아와 마끈 달기

7 라벨 달기 패브릭 본드나 글루건을 이용하여 라벨을 원하는 부분에 붙여주세요.

리본 카메라 파우치

ribbon camera pouch

Sewing Recipe

난이도 ★★
손바느질, 재봉틀 모두 가능
도안 필요 없음

기본재료

도트 무늬 원단
체크 원단 2종류
레이스
2온스 접착심지
조리개끈
리본테이프
구슬매듭 2개
가는 철사끈

부재료

글루건

재단하기

겉감과 안감 모두 위아래, 양옆 시접 1cm가 포함된 치수입니다. 따로 그리지 않으셔도 돼요. 접착심지는 시접을 주지 않습니다.

❶ 겉감
  도트 윗단: 14×22cm 2장
  체크 아랫단: 8×22cm 2장
❷ 안감
  체크 원단: 22×22cm 2장
❸ 2온스 접착심지 15×20cm 2장
❹ 레이스 22cm 2장
❺ 리본 테이프
  2.5×45cm 1장, 1×4cm 1장
❻ 가는 철사끈 10cm

❶ **원단 및 재료 준비** 미리 필요한 원단을 준비해 재단해두세요.
❷ **레이스를 겉감 윗단 원단 아랫부분에서 0.5cm 위로 올라와 고정시킨 후 박음질하기** 겉감 2장 겉면에 모두 레이스를 달아주세요.
❸ 아랫단 1cm 접어 다림질하기

  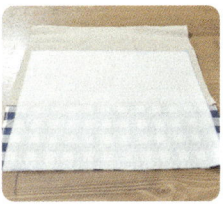

❹ **윗단과 아랫단 연결하기** 윗단 겉면에 1cm 접은 아랫단을 위로 포개주세요. 그리고 접은 선에서 0.5cm 간격을 두고 박음질해주세요.
❺ **겉감 위에 트임 자리 표시하기** 겉감 2장 모두 위에서 5cm 내려와 양옆에 표시해주세요.
❻ **접착심지 붙이기** 겉감 2장 모두 5cm 내려온 아랫부분에 접착심지를 붙여주세요.

  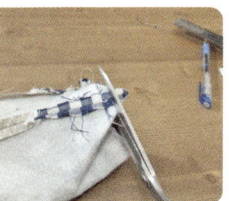

❼ **겉감 맞대어 박음질하기** 겉감의 겉과 겉을 맞대어 양옆 5cm 시접두고 내려온 아랫부분부터 박음질하고 양옆 가름솔을 다리미로 눌러주세요.
❽ **겉감 바닥 만들기** 그림처럼 바닥 부분을 삼각형 형태로 접고 꼭짓점에서 2cm 위로 선을 그어주세요. 양옆을 박음질한 뒤, 1cm 시접만 남겨두고 꼭짓점 부분은 잘라주세요.

9 **안감 만들기** 안감 2장 모두 위에서 5cm 내려와 양옆에 표시해주세요.

10 **안감 맞대어 박음질하기** 안감의 겉과 겉을 맞대어 양옆 5cm 내려온 아랫부분부터 박음질하고 양옆 가름솔을 다리미로 눌러주세요.

11 **안감 바닥 만들기** 그림처럼 바닥 부분을 삼각형 형태로 접고 꼭짓점에서 2cm 위에서 각각 박음질해주세요. 1cm 시접만 남겨두고 꼭짓점 부분은 잘라주세요.

12 **겉감과 안감 옆선을 ㄷ자 모양으로 박음질하기**

13 **합봉하기** 안감 겉에 겉감 겉을 넣어 입구 둘레에서 0.5cm 간격을 두고 박음질하세요.

14 **양옆 구멍을 통해 뒤집기**

15 조리개끈 들어갈 자리 만들기
겉면 위에서 0.5cm 내려와 둘레를 박음질하고 거기서 다시 1cm 내려와 둘레를 박음질해주세요.

16 조리개끈 넣기 양옆에 조리개끈을 넣어주세요.

17 구슬 매듭으로 마무리하기 구슬 매듭을 양옆 조리개끈에 각각 끼워넣고 매듭을 지어주세요.

18 리본 만들기
1) 재료를 준비해주세요.
2) 리본 테이프 양옆을 사선으로 잘라주세요.
3) 사진처럼 리본 테이프를 엇갈리게 잡아주세요.
4) 가는 철사끈으로 가운데를 묶어주세요.
5) 글루건을 이용하여 작은 리본 테이프를 가운데에 말아 붙여주세요.

19 리본 달기 파우치 옆에 글루건을 이용하여 달아주면 완성입니다.

블루 스트라이프 사각 필통

Sewing Recipe

난이도 ★★
손바느질, 재봉틀 모두 가능
도안 필요 없음

기본재료

리넨 도트 원단
블루 스트라이프 원단
사다리 토숀 레이스
2온스 접착심지
참 장식 지퍼(24cm)
우드 단추
라벨

부재료

지퍼노루발
패브릭 접착 본드

재단하기

겉감과 안감 모두 위아래, 양옆 시접 1cm가 포함된 치수입니다. 시접은 따로 그리지 않으셔도 돼요. 접착심지는 시접을 주지 않습니다. 필통 실제 사이즈는 18.5×9.5cm입니다.

❶ 겉감
   리넨 도트 원단: 22×17cm 1장
❷ 안감
   블루 스트라이프 원단: 22×22cm 1장
❸ 2온스 접착심지 21×16cm 1장
❹ 사다리 토숀 레이스 22cm 2장
❺ 리본 장식
   레이스 1×15cm
   스트라이프 원단 1×15cm

1 원단 및 재료 준비 미리 필요한 원단을 준비해 재단해두세요.

2 겉감 안쪽에 접착심지 붙이기 접착심지의 까끌까끌한 면과 붙이고자 하는 원단 안쪽면을 맞대고, 다리미로 꾹꾹 눌러서 스팀 없이 다림질해주세요.

3 안감의 넓은 부분을 위·아래 1cm씩 접어 다림질하기

4 안감에 라벨 달기

5 겉감에 안감을 덧대어 박음질하기 사진처럼 겉감 안쪽에 안감을 덧대고, 안감 원단이 겉으로 나오게 하여 고정시켜주세요. 그리고 양옆을 박음질해주세요.

6 겉감 위·아래에 토숀 레이스 달기

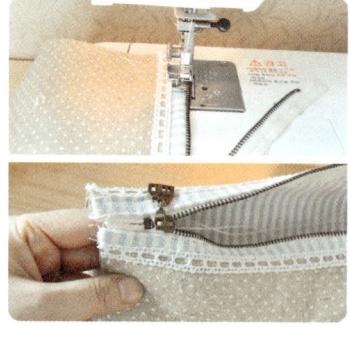

7 지퍼 달기 지퍼를 몸판 안쪽에 고정시킨 후, 지퍼노루발로 교환하여 박음질해주세요. 반대편도 동일하게 해주세요.

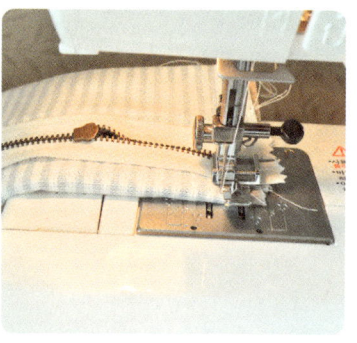

8 안으로 뒤집어 양옆을 1.5cm 지점에서 박음질하기

9 양옆 오버록으로 시접 정리하기 오버록으로 시접 정리 후 4개의 모서리를 반으로 잘라주세요. 그래야 뒤집었을 때 예쁜 모양이 나와요.

10 리본장식 만들기
1) 준비된 원단을 사진처럼 엇갈리게 잡아주세요.
2) 패브릭 본드로 2개의 리본을 고정시킨 후, 다리미로 가운데를 눌러주세요.

11 리본 위에 우드 단추를 포개어 필통 겉면에 달아주면 완성

기분 따라 여러 가지로 만들어두고 사용하는 물건이 몇 있는데, 필통도 그중 하나다.
싫증난 녀석은 깨끗이 빨아서 잘 쓰지 않는 티스푼을 보관하는 용도로 써도 좋고,
챙겨야 할 게 많지 않을 땐 화장품 파우치 대용으로 써도 손색 없다.
만들기 쉽고 쓰임새 많은 사각 필통, 마음껏 창의력을 발휘해 만들어보시길.

내추럴 바네 파우치

natural style
linen pouch

Sewing Recipe

난이도 ★★
손바느질, 재봉틀 모두 가능
도안 필요 없음

① **원단 및 재료 준비** 미리 필요한 원단을 준비해 재단해두세요.
② **겉감 안쪽에 접착심지 붙이기** 접착심지의 까끌까끌한 면과 붙이고자 하는 원단 안쪽면을 맞대고, 다리미로 꾹꾹 눌러서 스팀 없이 다림질해주세요.
③ **겉감에 라벨 붙이기** 패브릭 본드로 라벨을 붙이고 다리미로 열을 가해 눌러주면 안 떨어져요.

기본재료

베이지 리넨 원단
체크 원단
레이스
2온스 접착심지
바네(10cm짜리)
라벨
핸드폰 고리
에펠탑 참 장식

부재료

패브릭 본드
수성 사인펜

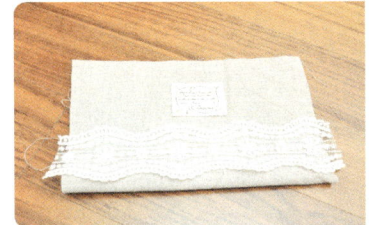 

④ **겉감에 레이스 달기** 겉감을 반으로 접었을 때 아랫부분에 위치할 수 있도록 레이스를 시침핀으로 고정시키고 양옆을 박음질해주세요. 단, 겉감을 반 접은 채로 박음질하시면 안 돼요. 접어서 위치만 확인하고, 펼쳐둔 채로 박음질하세요.

재단하기

겉감과 안감 모두 위아래, 양옆 시접 1cm가 포함된 치수입니다. 시접은 따로 그리지 않으셔도 돼요. 접착심지는 시접을 주지 않습니다.

① **겉감**
   베이지 리넨 원단: 20×24cm 1장
② **안감**
   체크 원단: 20×34cm 1장
③ **접착심지**
   18×24cm 1장
④ **레이스**
   20cm 1장

⑤ **겉감 맞대어 박음질하기** 겉감의 겉과 겉을 맞대어 위쪽 입구부터 아랫부분까지 1cm 시접을 주고 양옆을 박음질하세요.

6 겉감 파우치 바닥 만들기
1) 그림처럼 접히는 부분의 시접 아랫부분을 살짝 잘라주세요.
2) 시접을 가름솔 처리해주세요.
3) 그림처럼 바닥 부분을 삼각형 형태로 접고 꼭짓점에서 2cm 위로 선을 그어주세요. 양옆을 박음질한 뒤, 시접 1cm만 남겨두고 꼭짓점 부분은 잘라주세요.

7 안감 입구 만들기
1) 위에서 5cm 내려온 지점에 표시해주세요.
2) 1cm 안쪽으로 접어 다려주세요.

8 안감 맞대어 박음질하기
안감의 겉과 겉을 맞대어, 펜으로 표시한 지점부터 아랫부분까지 1cm 시접을 주고 양옆을 박음질해주세요.

9 안감 파우치 바닥 만들기
겉감 바닥과 동일한 방법으로 만들어주시면 됩니다.

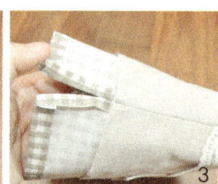

10 겉감과 안감 합봉하기
1) 먼저 겉감을 뒤집어주세요.
2) 안감을 겉감 안으로 집어넣으세요.
3) 겉감과 안감의 양옆 솔기 부분을 잘 맞춰주세요.
4) 안감 안쪽에 선 그은 부분을 겉감 쪽으로 접어 그림처럼 시침핀으로 고정시켜주세요.
5) 입구 둘레 끝에서 0.5cm만 간격을 두고 박음질하세요.

11 바네 끼우기
1) 먼저 바네의 고리를 빼주세요. 바네는 한쪽 고리가 분리된답니다.
2) 파우치 구멍으로 바네를 끼워주세요.
3) 자연스럽게 주름을 잡고 바네 고리를 제자리에 끼워주세요.

12 에펠탑 참 장식 달기
1) 핸드폰 고리를 바네 고리 부분에 끼워주세요. 바네 중에는 핸드폰 줄이나 가방끈을 달수 있도록 고리가 달린 것들이 있어요.
2) 에펠탑 모양의 참 장식을 핸드폰 고리에 끼워주면 완성.

리넨 통장 케이스

bank book case

Sewing Recipe

난이도 ★
손바느질, 재봉틀 모두 가능
도안 필요 없음

기본재료
도트 원단
그린 컬러 리넨 원단
아이보리 리넨 원단
레이스
4온스 접착심지
가죽끈
장식용 참 장식
라벨
리본 모티프

부재료
패브릭 본드

재단하기
겉감과 안감 모두 위아래, 양옆 시접 1cm가 포함된 치수입니다. 시접은 따로 그리지 않으셔도 돼요. 접착심지는 시접을 주지 않습니다.

❶ 겉감 패치
 아이보리 리넨 원단:
 25×10cm 1장
 도트 원단: 25×7cm 1장
 그린 리넨 원단 : 25×6cm 1장

❷ 안감
 그린 리넨 원단: 25×19cm 1장

❸ 꽂이 부분
 도트 원단: 14×19cm 2장

❹ 접착심지
 겉감: 23×17cm 1장
 꽂이 부분: 6×17cm 2장

❺ 레이스 25cm

❻ 가죽끈 35cm 2개

1 원단 및 재료 준비 미리 필요한 원단을 준비해 재단해두세요.

2 아이보리 원단에 레이스 달기 레이스를 아이보리 원단 아랫부분에서 0.5cm 위로 올라와 고정시킨 후 박음질해주세요.

3 도트 원단과 그린 리넨 원단, 도트 원단 연결하기 도트 원단 겉과 그린 리넨 원단 겉을 맞대어 1cm 시접을 남기고 박음질하세요. 도트 원단 겉과 ❷에서 레이스를 달아둔 아이보리 원단 겉을 맞대어 똑같이 시접 1cm 남기고 박음질해주세요.

4 패치한 원단의 시접 가름솔 다림질하기

5 겉감에 접착심지 붙이기 접착심지의 까끌까끌한 면과 붙이고자 하는 원단 안쪽면을 맞대고, 다리미로 꾹꾹 눌러서 스팀 없이 다림질해주세요.

6 꽃이 여밈 부분에 접착심지 붙이기 꽃이 여밈 부분 반쪽에 접착심지를 붙여주세요. 반대쪽도 동일한 방법으로 접착심지를 붙여주세요.

7 겉감 양쪽에 가죽끈 달기 가죽끈을 원단 프린트 안쪽으로 오게 해서 양쪽에 달아주세요.

8 패치 원단 앞면에 장식용 참 달기

9 꽃이 부분에 라벨 달기

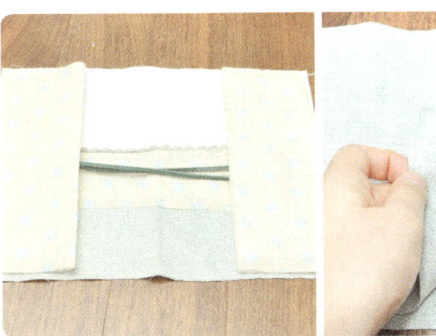 

10 **합봉하기** 겉감의 겉면 위에 꽃이 부분의 열린 쪽이 바깥으로 향하게 양쪽으로 배치하고, 그 위에 안감 안쪽면이 위에 오도록 배치합니다. 창구멍을 남겨두고 사방을 박음질해주세요.

11 시접 0.5cm 남겨두고 둘레 정리하기

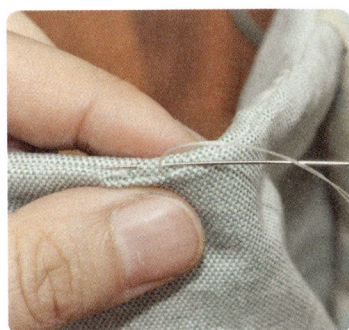

12 창구멍으로 뒤집어서 공그르기

13 꽃이 부분 라벨 윗부분에 리본 모티프로 장식하기 리본 모티프는 패브릭 본드를 안쪽에 발라준 후, 다리미로 눌러주세요.

pure white lace handkerchief

이니셜 손수건

Sewing Recipe

난이도 ★
손바느질, 재봉틀 모두 가능
도안 필요 없음
십자수 도안 있음

❶ 원단 및 재료 준비   미리 필요한 원단을 준비해 재단해두세요.
❷ 거즈 원단 둘레 모두 말아박기
❸ 말아박기 후 원단 겉면 둘레에 레이스 달기

기본재료

화이트 거즈 원단
레이스
십자수 원단 약간

부재료

십자수 컬러실(취향대로)
패브릭용 수성펜

재단하기

위아래, 양옆 시접 1cm가 포함된 치수입니다. 시접은 따로 그리지 않으셔도 돼요.

❶ 화이트 거즈 원단
   42×42cm 1장
❷ 레이스
   170cm 1장

  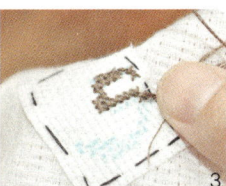
1   2   3

4   5

4 십자수 이니셜 새기기

1) 십자수용 원단을 이니셜 새기고 싶은 곳에 작게 잘라 손바느질로 듬성듬성 고정시켜주세요.
2) 패브릭 수성펜으로 이니셜을 십자수 원단에 새겨주세요.
3) 컬러실로 이니셜을 수놓아주세요.
4) 고정해둔 실을 제거해주세요.
5) 핀셋을 이용해 십자수 원단을 한 올씩 제거해주세요.

5 간단하게 완성

레드 체크 물병 파우치

Sewing Recipe

난이도 ★★
손바느질, 재봉틀 모두 가능
도안 필요 없음

기본재료

리넨 무지 원단
레드 체크 원단
레드 스트라이프 원단
도트 레이스 원단
토손 레이스
4온스 접착심지
조리개 끈
레드 리본테이프
돼지코 스토퍼
가는 철사끈

부재료

글루건
포인트로 사용할 컬러 실

재단하기

시접이 포함되지 않은 사이즈입니다. 겉감과 안감, 바닥 모두 시접 1cm를 따로 그려주세요. 접착심지는 시접을 주지 않습니다.

❶ 겉감
  윗단 리넨 무지 원단: 29×6cm 1장
  중간단 레드 체크 원단:
    29×16cm 1장
  아랫단 리넨 무지 원단:
    29×7cm 1장
  바닥부분 리넨 무지 원단:
    지름 8cm 원형 1장
  도트 레이스 원단: 50×8cm 1장

❷ 안감
  레드 스트라이프 원단:
    29×29cm 2장
  바닥부분 레드 스트라이프 원단:
    지름 8cm 원형 1장

❸ 4온스 접착심지
  본판: 29×21cm 1장
  바닥: 지름 7cm 원형 2장

❹ 토손 레이스 29cm

❺ 레드 리본 테이프
  2.5×50cm 1장, 1×4cm 1장

❻ 가는 철사끈 10cm

1 원단 및 재료 준비 미리 필요한 원단을 준비해 재단해두세요.

2 겉감 아랫단 리넨 무지 원단에 도트 레이스 원단 달기 풍성하게 레이스 원단을 주름 잡아가며 위·아래를 박음질해주세요.

3 겉감 중간단 레드 체크 원단에 레이스 토손 달기 레드 체크 원단 아래에서 1cm 올라가 토손 레이스를 달아주세요.

4 ❷와 ❸의 과정을 거친 원단 겉과 겉을 맞대어 박음질하기 중간단과 아랫단이 이어집니다.

5 겉면 위에서 눌러박기

6 ❺의 과정을 거친 원단의 겉면과 리넨 무지 윗단의 겉면을 맞대어 박음질하기

7 컬러실로 홈질하여 멋내기 리넨 무지 윗단 아래쪽에 레드 컬러 실로 홈질해주세요.

8 겉감 본판과 바닥부분(겉감, 안감) 접착심지 붙이기 접착심지의 까끌까끌한 면과 붙이고자 하는 원단 안쪽면을 맞대고, 다리미로 꾹꾹 눌러서 스팀 없이 다림질해주세요.

9 겉감 윗부분 1cm 접어 다림질하고, 위에서 4cm 내려와 선긋기 안감도 동일하게 해주세요.

10 **옆면 박음질하기** 겉감의 겉과 겉을 맞대어 4cm 내려온 지점부터 옆면을 박음질하고 가름솔을 갈라 다림질해주세요. 안감도 겉감과 동일하게 해주세요.

11 **바닥 이어붙이기** 겉감 몸통의 겉과 바닥의 겉을 맞대어 시침핀으로 고정시킨 후 박음질해주세요. 안감도 겉감과 같은 방법으로 이어붙여주세요.

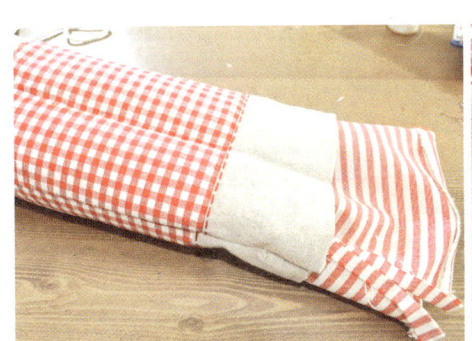

12 **합봉하기** 겉감을 뒤집어 안감 몸통을 겉감 안에 넣어주고 입구 부분을 공그르기하세요.

13 **조리개 끈 들어갈 자리 만들기** 윗부분을 안으로 1cm 접어 둘레를 박음질해주세요.

14 조리개 끈 넣기

15 돼지코 스토퍼 달기 조리개 끈을 돼지코 스토퍼에 연결하여 묶어주세요.

16 리본으로 장식하기 리본 만들기는 카메라 파우치 편을 참고하세요.

산행과 피크닉의 필수품.
마시는 물도 스타일리시하게!

04
주방 레시피

주방 변신시키기

우리집 주방을 카페로 바꾸는 마법 같은 패브릭!
세련되고 편리한 주방용품에 도전해볼까요?

두겹 티매트

green flower & dot tea mat

Sewing Recipe

난이도 ★
손바느질, 재봉틀 모두 가능
도안 필요 없음

기본재료
그린 도트 원단
그린 플라워 원단
2온스 접착심지
장식용 단추
라벨

부재료
패브릭 본드

재단하기
겉감과 안감 모두 위아래, 양옆 시접 1cm가 포함된 치수입니다. 시접을 따로 그리지 않으셔도 돼요. 접착심지는 시접을 주지 않습니다.

1. 그린 플라워 원단
   12×12cm 2장
2. 그린 도트 원단
   14×14cm 2장
3. 접착심지
   13×13cm 1장
   11×11cm 1장

① **원단 및 재료 준비** 미리 필요한 원단을 준비해 재단해두세요.
② **접착심지 붙이기** 접착심지의 까끌까끌한 면과 붙이고자 하는 원단 안쪽면을 맞대고, 다리미로 꾹꾹 눌러서 스팀 없이 다림질해주세요.
③ 각 원단 겉에 라벨 붙이기

4 5cm 창구멍을 남겨두고 각 원단의 겉과 겉 맞대어 박음질하기

5 위아래 모두 시접 0.5cm 남기고 정리하여 창구멍으로 뒤집기

6 창구멍은 공그르기로 마무리

7 두 장의 매트를 포개어 포인트 단추 달기

both sides table mat

만드는 즐거움, 먹는 즐거움, 보는 즐기움 3박자가 척척척.

1인용 양면 테이블매트

Sewing Recipe

난이도 ★
손바느질, 재봉틀 모두 가능
도안 필요 없음

❶ 원단 및 재료 준비 미리 필요한 원단을 준비해 재단해두세요.
❷ 앞면 무늬 원단 패치하기 재단된 체크와 도트 원단 조각을 겉과 겉 맞대어 박아주세요.
❸ 가름솔 다림질하기

기본재료
도트 원단
체크 원단
리넨 원단
리넨 무지 원단
2온스 접착심지
라벨
장식용 모티프

❹ 앞면 무지 원단과 패치 원단 연결하기 연결한 후엔 ❸번처럼 가름솔을 다림질해주세요.
❺ 앞면 안쪽면에 접착심지 붙이고 창구멍 표시하기
❻ 앞면 겉과 뒷면 겉에 모티프와 라벨을 패브릭 본드로 고정한 후 컬러실로 포인트 홈질하기

재단하기
겉감과 안감 모두 위아래, 양옆 시접 1cm가 포함된 치수입니다. 시접을 따로 그리지 않으셔도 돼요. 접착심지는 시접을 주지 않습니다.

❶ 앞면
 무지 원단: 22×24cm 1장
 패치용 도트 원단: 12×14cm 1장
 패치용 체크 원단: 12×12cm 1장

❷ 뒷면
 프린트 원단: 32×24cm 1장

❸ 2온스 접착심지
 30×22cm 1장

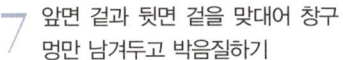

7 앞면 겉과 뒷면 겉을 맞대어 창구멍만 남겨두고 박음질하기

8 원단을 뒤집고 창구멍은 공그르기로 마무리

와플무늬 발 매트

waffle kitchen mat

촉감이 톡톡한 주방의 필수 아이템!

Sewing Recipe

난이도 ★★
손바느질, 재봉틀 모두 가능
도안 필요 없음

기본재료
베이지색 와플지
미끄럼 방지 원단
브라운 체크 원단
라벨
브라운 레이스

재단하기
원단은 모두 위아래, 양옆 시접 1cm가 포함된 치수입니다. 시접을 따로 그리지 않으셔도 돼요. 실제 사이즈는 60×45cm입니다. 양옆 바이어스 폭은 2.5cm로 합니다.

❶ 베이지색 와플지
    60×45cm
❷ 미끄럼 방지 원단
    60×45cm
❸ 바이어스 원단
    8cm×발매트 원단 둘레 길이
    (210cm)
❹ 브라운 레이스
    25cm

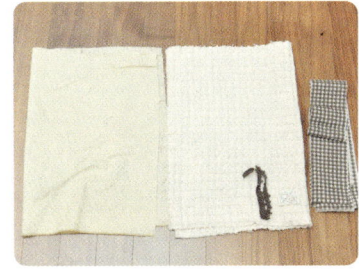

1 **원단 및 재료 준비** 미리 필요한 원단을 준비해 재단해두세요.

2 **와플지 겉면에 레이스 달기** 레이스를 사각 형태로 와플지 겉면에 박음질해주세요.

3 **라벨 달기** 레이스 위에 라벨을 달아주세요.

4 **합봉하기** 와플지 뒷면에 미끄럼 방지 안쪽면을 맞대어 창구멍 없이 둘레 모두 박음질해주세요.

5 **바이어스 연결하기**
  1) 바이어스 원단의 겉과 겉을 직각으로 맞대어 그림처럼 사선을 그려주세요.
  2) 사선 부분을 박음질 한 후, 시접을 0.5cm 정도 남겨두고 잘라주세요. 그 다음 다리미로 시접의 가름솔을 다려주세요.

6 누빔 원단과 바이어스 연결하기

1) 시접은 1cm, 완성 바이어스 사이즈는 2.5cm로 합니다. 4에서 준비한 원단 뒷면에 바이어스 겉을 맞대고 박음질해주세요.

2) 바이어스 2.5cm 폭만큼 남겨두고, 앞뒤로 되박음질하세요.

3) 접힐 바이어스를 위해 모서리에서 45도 각도로 선을 하나 그어주세요.

4) 바이어스를 오른쪽으로 접어주세요.

5) 다시 왼쪽으로 접되, 원단 끝과 동일한 곳에서 접어주세요.

6) 바이어스를 시침핀으로 고정한 후 원단 방향을 바꿔 처음 시작 부분부터 박음질해주세요.

7) 끝부분은 시작 시 연결해놓은 바이어스를 겉으로 접은 다음, 두 장의 바이어스 원단이 마주 닿은 부분까지 박음질하시고 나머지는 잘라주세요.

8) 와플지 겉면이 보이도록 뒤로 뒤집고, 한 면을 1cm 시접을 접고 다시 2.5cm 접어주세요.

9) 그림처럼 사각 모서리를 만들어주세요.

10) 튼튼하게 하기 위해서 사선 부분을 박음질해주세요.

11) 나머지 둘레도 접어가면서 모서리 모양을 잡아 박음질하면 완성입니다.

red check jam/pickle cap cover

피클 병뚜껑 커버

Sewing Recipe

난이도 ★

손바느질, 재봉틀 모두 가능

도안 필요 없음

기본재료

레드 체크 원단

고무줄 약간

토숀 레이스

레드 바이어스 테이프

부재료

글루건

재단하기

병뚜껑 크기에 따라, 시접 1cm를 포함해서 재단해주세요.

① 본판
   병뚜껑 지름+6cm 1장

② 토숀 레이스
   원둘레×2

③ 고무줄
   필요한 만큼 약간

④ 레드 포인트 바이어스 테이프
   20cm 1장

1 원단 및 재료 준비 미리 필요한 원단을 준비해 재단해두세요.

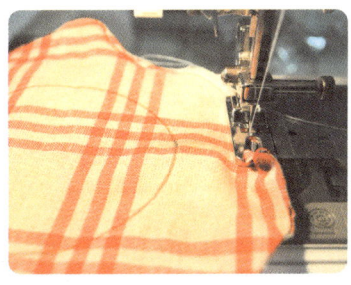

2 본판 원둘레 말아박기

3 본판 안쪽에 고무줄 달기 적당한 길이의 고무줄을 안쪽 선 그은 부분에 고정시킨 후, 잡아당겨가며 동그랗게 박음질해주세요.

4 본판 둘레에 레이스 달기 본판 둘레 겉면에 레이스를 박음질해주세요.

5 바이어스 테이프로 리본 만들어 달기 글루건을 이용해주세요.

대마 야채 보관 주머니

vegetable stocker

Sewing Recipe

난이도 ★★
손바느질, 재봉틀 모두 가능
스탠실용 영문 폰트 있음

기본재료
왕 얼그미 대마
끈 여밈 포인트 체크 원단
조리개끈
라벨

부재료
아크릴 물감
스탠실용 영문 폰트
붓

재단하기
겉감은 모두 위아래, 양옆 시접 1cm 가 포함된 치수입니다. 시접은 따로 그리지 않으셔도 돼요.

① 왕얼그미 대마
　45×88cm 1장
② 끈 여밈 원단
　43×12cm 2장
③ 조리개끈 여유 있게 준비

1 원단 및 재료 준비　대마는 마 보푸라기나 먼지가 많이 나므로, 스프레이를 이용해 중간중간 물을 뿌려주세요.

2 대마 원단 양옆, 위아래 오버록하기

3 겉과 겉 맞대어 양옆 박음질하기

4 주머니 바닥 만들기　양쪽 바닥을 삼각형 형태로 접어 꼭짓점에서 3.5cm 내려와 선을 그어주세요. 그리고 양옆을 박음질하시면 됩니다.

5 주머니 윗부분 박음질하기　주머니 윗부분을 2cm안으로 접고, 빙 둘러가며 박음질해주세요.

6 끈 여밈 부분 만들기　재단해둔 원단의 윗부분은 1cm, 아랫부분은 4cm 접어 다리미로 눌러주세요. 양옆도 1cm 안으로 접어 다리미로 눌러주세요.

7 끈 여밈 원단을 반으로 접어 박음질하기

8 대마 원단 겉에 끈 여밈 원단 박음질하기

9 양옆으로 조리개끈 넣어주기

10 스탠실 폰트 만들어주기 폰트를 칼로 하나씩 오려주세요.

11 스탠실 폰트 종이를 주머니 원단에 고정시키고 물감으로 글자 새기기 글자를 새길 때 뒤쪽 원단에 물감이 배지 않도록, 안에다 두꺼운 종이를 넣고 작업해주세요.

우리 집 신선한 야채 저장고!

누빔 그릇 패드

green dish pad

딸그락 딸그락 소중한 접시를 안전하게!

Sewing Recipe

난이도 ★
손바느질, 재봉틀 모두 가능
도안 필요 없음

기본재료
그린 체크 원단
그린 무지 원단
패딩 누빔지

부재료
바이어스 메이커

재단하기
가지고 있는 그릇 사이즈에 따라 자유롭게 만드시면 됩니다.

 그릇 사이즈를 고려한 그린 체크 원단 2장

 누빔지 1장
   체크 원단과 사이즈 동일

 바이어스 테이프
   4cm × 그릇 둘레

1 원단 및 재료 준비 미리 필요한 원단을 준비해 재단해두세요.

2 누빔 원단 만들기 체크 원단 2장 사이에 누빔지를 겹쳐놓고 3cm 간격으로 마름모 모양으로 선을 그어주세요.

3 누빔 선 박음질하기 그은 선을 따라 박음질해주세요.

4 그릇 사이즈에 맞게 재단하기 원하는 사이즈의 그릇을 대고 재단해주세요.

5 재단한 원단 자르기 시접은 필요 없어요.

6 바이어스 테이프 연결하기 바이어스 테이프 연결하기는 〈발 매트 만들기〉 편을 참고해주세요.

  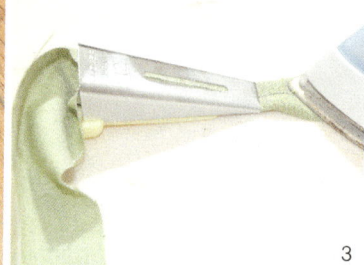

7 바이어스 메이커로 간단하게 모양잡기
  1) 바이어스 메이커를 준비해주세요. 바이어스 메이커는 사이즈 별로 다양합니다.
2) 바이어스 테이프를 양옆에서 중심 방향으로 반 접어 바이어스 메이커 안에 넣어주세요.
3) 바이어스 테이프를 바깥쪽으로 잡아당기면서 다리미로 눌러주면 모양이 예쁘게 잡혀요.

8 잘라둔 누빔 원단에 바이어스 테이프 달기
  1) 누빔 원단에 펼친 바이어스를 맞추어 돌려가며 박음질해주세요.
2) 바이어스 테이프를 바깥쪽으로 꺾어 접힌 모양에 맞게 겉에서 0.5cm 간격으로 눌러 박음질해주면 완성.

여유롭게 햇살을 즐기는 행복한 날들이
계속 이어졌으면…….

비닐봉지 정리 파우치

Plastic bag pouch

밑에서 비닐봉지를 쏙쏙 뽑아 쓰자.
주방이 말끔해지는 똑똑한 정리 마법사!

Sewing Recipe

난이도 ★★
손바느질, 재봉틀 모두 가능
도안 필요 없음

기본재료

잔 얼그미 대마
레드 체크 원단
레드 리본 테이프
레드 가죽 라벨
고무줄

재단하기

겉감과 안감 모두 위아래, 양옆 시접 1cm가 포함된 치수입니다. 시접을 따로 그리지 않으셔도 돼요.

① 잔얼그미 대마
　50×22cm 1장

② 레드 체크 원단
　50×16cm 2장

③ 손잡이끈(잔얼그미 대마)
　7×50cm 1장

④ 레드 리본 테이프
　30cm 1장

⑤ 고무줄 약간

TIP 완성된 파우치에 비닐봉지를 착착 포개 접은 뒤, 밑에서부터 하나씩 뽑아 쓰시면 편해요.

1 원단 및 재료 준비　대마는 마 보푸라기나 먼지가 많이 나므로 물스프레이를 중간 중간에 뿌려주세요.

2 체크 원단 말아박기　체크 원단 아랫부분을 말아박기 해주세요.

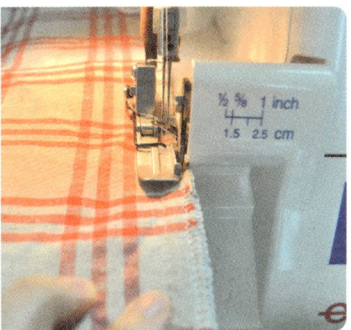

3 대마 원단과 체크 원단 연결하기　대마 원단 겉에 체크 원단 겉을 맞대어 시접 1cm를 주고 박음질하세요. 시접은 오버록 하세요.

4 원단 겉에서 눌러박기 원단 안쪽 시접을 아래로 하고 겉에서 0.5cm 간격을 두고 눌러 박음질해주세요.

5 비닐봉지 투입구 만들기
1) 대마 입구 부분을 1+1cm 안으로 접어 다림질해주세요. 다림질을 하면 모양이 잘 잡혀요.
2) 끝에서 1cm 간격을 두고 박음질해주세요.

6 파우치 형태 만들기 겉감의 겉과 겉을 맞대어 1cm 시접을 주고 박음질하세요. 시접은 오버록 처리해주세요.

7 파우치 형태 잡기
1) 그림처럼 양옆을 중심 방향으로 넣어 4면이 되도록 접어주세요.
2) 4면의 모서리 부분을 다리미로 눌러 모양을 잡아주세요.
3) 4면의 모서리 부분을 0.5cm 간격을 두고 박음질하세요.

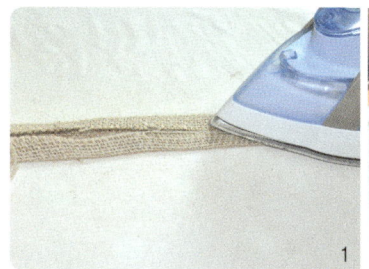  

8 손잡이끈 만들기
1) 재단한 원단의 양옆 부분은 1cm씩 접고, 위·아래도 중심 방향으로 접어 다리미로 눌러주세요.
2) 다림질이 끝나면 반으로 접어 0.5cm 간격을 두고 양옆을 박음질하세요.

9 원단 안쪽에 손잡이끈 달기   원단 안쪽에 한쪽 끈을 두 줄 박음질로 달아주고 반대편도 이어서 달아주세요.

10 비닐봉지 출구 부분 안쪽에 고무줄 달기   말아박기 한 부분에서 5cm 올라와 고무줄을 고정시킨 후, 잡아당겨가며 동그랗게 박음질해주세요.

11 리본 테이프 달기   비닐봉지 출구 박음질선 부분에 리본 테이프를 양옆으로 살짝 박음질해서 고정시켜주세요.

12 파우치 겉에 가죽 라벨 달기

카페 스타일 앞치마

black apron

간단하게 주방을 카페 분위기로 업업!

Sewing Recipe

난이도 ★
손바느질, 재봉틀 모두 가능
도안 필요 없음

기본재료

블랙 카페 스타일 커트지
블랙 무지 리넨
진주 단추
약간의 장식용 레이스

재단하기

위아래, 양옆 시접 1cm가 포함된 치수입니다. 시접을 따로 그리지 않으셔도 돼요.

① 앞면용 커트지
  50×45cm 1장
② 뒷면용 무지 리넨 원단
  57×45cm 1장
③ 허리끈
  280×8cm 1장
④ 장식용 레이스 약간

1 원단 및 재료 준비　미리 필요한 원단을 준비해 재단해두세요.

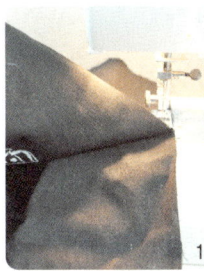 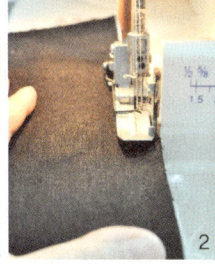 

2 앞면용 커트지와 뒷면용 무지 원단 연결하기
1) 커트지 겉과 무지 겉을 맞대어 한쪽 면만 시접 1cm 주고 박음질해주세요.
2) 박음질 후 오버록 처리해주세요.
3) 펼치면 이런 모양이 나옵니다.

3 아랫단 1+1cm 접어 박기

4 앞치마 앞면 옆트임 부분을 1+1cm 안으로 접어 박음질하기

5 앞치마 뒷면 4+4cm 안으로 접어 박음질하기

6 허리끈을 앞치마 본판과 연결하기
재단한 허리끈은 이어서 오버록 한 후, 앞치마 겉에 맞대어 1cm 시접을 주고 박음질하세요.

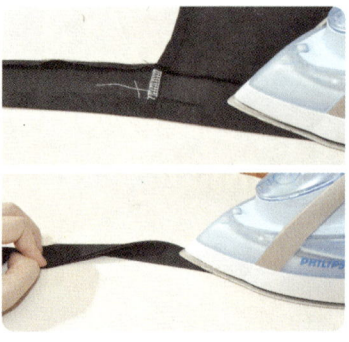

7 허리끈 위아래, 양옆 1cm씩 접어 다리기 시접을 접어 다린 뒤, 허리끈을 다시 반 접어 다려주세요.

8 허리끈을 본판에 박음질하기 접어준 허리끈을 본판에 시침핀으로 고정시킨 후 박음질하고, 끈도 이어서 쭉 박음질해주세요.

9 장식 달기 원하는 커트지 그림에 레이스를 리본으로 만들어주고, 그 위에 진주 단추 장식을 해주면 완성입니다. 커트지 그림에 패브릭용 물감으로 색을 입혀도 예뻐요.

먼저 만드는 방법을 익히면 취향에 맞는 디자인은 저절로 떠오른다. 계산을 잘 못해 조금 어그러진 부분이 생기면 적당히 리본이나 브로치를 달고, 밋밋해보이면 레이스로 장식한다. 팔 물건도 아닌데 조금 서툴면 어떤가. 내가 만들어둔 물건을 보고 잘못된 곳을 지적하는 사람은 이제껏 한 명도 만나지 못했다. 모든 사람들이 첫 마디는 다 똑같다. "우와, 이게 진짜 손으로 만든 거라고?"

손 안에 쏙 들어가는
동글이 주방장갑

brown dot kitchen glove

Sewing Recipe

난이도 ★★
손바느질, 재봉틀 모두 가능
실물 도안 있음

기본재료

브라운 도트 원단
베이지 스트라이프 원단
4온스 접착심지
레이스
리본 테이프
라벨

부재료

패브릭 본드
글루건

재단하기

겉감과 안감은 패턴을 대고 선을 그린 뒤 시접 1cm를 더 그려주세요. 단, 접착심지는 시접 없이 그려줍니다. 장갑 2개가 세트입니다.

① 베이지 스트라이프 원단 원형 4장
② 브라운 도트 원단 원형 2장
③ 4온스 접착심지 원형 6장
④ 장식용 레이스
   17.5cm 4장
⑤ 바이어스
   4×17.5cm 4장

1 원단 및 재료 준비   미리 필요한 원단을 준비해 재단해두세요.

2 접착심지를 각각의 원단에 붙이기
접착심지의 까끌까끌한 면과 붙이고자 하는 원단 안쪽면을 맞대고, 다리미로 꾹꾹 눌러서 스팀 없이 다림질해주세요.

3 도트 원단을 V 라인으로 자르기

4 본판에 바이어스 달기 잘라둔 도트 원단 안쪽 직선 부분에 재단한 바이어스 원단의 겉을 맞대어 박고 도트 무늬가 프린트된 겉면 쪽으로 두 번 접어 박음질해주세요.

5 본판에 레이스 달기 바이어스를 단 후에는 레이스를 달아주세요.

6 도트 원단과 베이지색 원단 겉을 맞대어 끝부분 0.5cm 시접만 남기고 빙 둘러 박음질하기

7 남아 있는 베이지색 원단 겉과 ❻의 원단 겉을 맞대어 창구멍을 남겨두고 박음질하기

8 창구멍으로 뒤집어서 공그르기

9 리본테이프와 레이스로 리본 만들기

10 글루건을 이용하여 원하는 자리에 달기

앙증맞고 귀여운 주방의 포인트, 바이어스가 필요 없어요.

2색 주방 행주

two color dishcloth

Sewing Recipe

난이도 ★
손바느질, 재봉틀 모두 가능
도안 필요 없음

기본재료

무지 타올 원단
플라워 거즈 원단
도트 거즈 원단
레이스 원단
라벨

재단하기

시접 없이 제시된 사이즈대로 재단하시면 됩니다.

① 무지 타올 원단
　 40×32cm 1장
② 플라워 거즈 원단
　 40×32cm 1장
③ 바이어스
　 4×150cm
④ 레이스 원단
　 40cm(가로 길이 만큼)

1 원단 및 재료 준비　미리 필요한 원단을 준비해 재단해두세요.

2 거즈 원단 안과 타올 원단 안을 창구멍 없이 맞대어 박기

3 원단 겉면 중간에 레이스 원단을 가로로 달기

4 라벨 달기

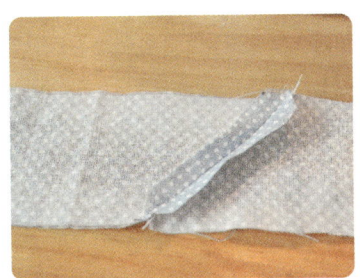

5 바이어스 만들기　바이어스 겉과 겉을 사선으로 맞대어 박은 후 시접 1cm만 남기고 잘라주세요. 시접은 가름솔 처리하시면 됩니다.

6 바이어스 달기　와플 발매트 만들기를 참조해서 바이어스 폭 1cm로 달아주세요.

05 인테리어 레시피

인테리어의 일등공신, 거실과 침실 바꾸기

커튼 하나로 집안 분위기가 얼마나 달라지는지 경험해보세요!
드르륵드르륵 쉽고 간단하게 인테리어 해볼까요?

멜빵형 내추럴 미니 발란스

suspenders type balance curtain

Sewing Recipe

난이도 ★★
손바느질, 재봉틀 모두 가능
도안 필요 없음

기본재료

아이보리 리넨 무지 원단
플라워 리넨 원단

재단하기

위아래, 양옆 시접 1cm가 포함된 치수입니다. 시접을 따로 그리지 않으셔도 돼요. 실제 커튼 사이즈는 멜빵형 고리 포함 135×60cm입니다.

① 커튼 본판
140×35cm 1장

② 윗부분 곱창 프릴
280×6cm 1장

③ 아랫부분 플라워 프릴
280×24cm 1장

④ 멜빵 고리
12×14cm 7장

⑤ 본판과 멜빵 고리 덮개
140×7cm 1장

① 원단 및 재료 준비 미리 필요한 원단을 준비해 재단해두세요.
② 멜빵 고리 만들기 12cm 폭 부분 양옆을 중심 방향으로 각각 반씩 접고 다시 반 접어 박음질해주세요. 3×14cm 멜빵고리 7개를 완성하면 됩니다.
③ 아이보리 본판 원단 양옆 1+1cm 접어 박기

④ 발란스 윗부분 곱창 프릴 원단 만들기 양옆 모두 말아박기해주세요.
⑤ 가운데 주름 잡기 주름노루발로 변경 후 ④의 원단에 주름을 잡아주세요.
⑥ 아랫부분용 플라워 프릴 원단 만들기 아랫부분 말아박기 해주세요.

7 플라워 프릴 원단 주름 잡기 주름 노루발로 변경후 ⑥의 원단에 주름을 잡아주세요.

8 본판 원단 겉과 프릴 원단 겉을 맞대어 박음질하고 시접 오버록 하기

9 본판 겉에서 눌러박기

10 멜빵 고리 연결하기 본판 원단 위에 멜빵 고리 원단을 반으로 접어 간격을 일정하게 고정시켜주세요.

11 멜빵고리 덮어 박음질하기 준비된 원단을 멜빵 고리가 고정된 원단 위에 덮어주시고 윗부분을 박음질해주세요.

12 뒤집어서 겉에서 눌러박기

13 뒷면 원단 안으로 접어 박기 안으로 2cm 접어 박아주세요.

14 곱창 프릴 연결하기 멜빵고리 아랫부분 본판 원단에 곱창 프릴을 겉에서 눌러 박아주세요.

미니 발란스는 적은 노력으로 집안 분위기를 화사하게 탈바꿈시킬 수 있는 최고의 인테리어 소품이다. 올 봄엔 그동안 마음에 들지 않았던, 지저분하고 칙칙한 공간에 발란스 커튼을 드리워보는 건 어떨까?

너무나 쉬운 일자형 커튼

caramel beige stripe curtain

초보자도 쉽게 만들 수 있는 일자형 커튼에 도전해보세요!
집안 분위기에 맞는 천만 잘 고르면, 거의 다 끝난 거나 다름없답니다.

Sewing Recipe

난이도 ★
손바느질, 재봉틀 모두 가능
도안 필요 없음

① 원단 및 재료 준비 미리 필요한 원단을 준비해 재단해두세요.
② 양 옆선 안으로 접어박기 양 옆선을 안으로 2+2cm접어서 박음질해주세요.
③ 다리미로 다려주기 양옆 부분을 다리미로 눌러 모양을 예쁘게 잡아주세요.

기본재료
스트라이프 리넨 원단
커튼심지

재단하기
실제 커튼 사이즈는 130×240cm이며 커튼 집게를 사용하여 고정합니다. 단, 만드는 분이 취향대로 선택하실 수 있도록 봉집 형태의 레시피를 같이 올립니다. 시접은 따로 주지 않습니다. 모든 설명은 커튼 한 폭 기준입니다. 창문 사이즈에 맞게 커튼을 2폭, 혹은 3폭으로 하시거나 본판 가로 사이즈를 조절하시면 돼요.

① 커튼 본판
   140×260cm 1장
② 커튼심지
   138×8cm 1장

4 두 가지 형태의 커튼 윗부분 만들기
1) 커튼심지를 넣지 않는 봉집형 커튼: 커튼 윗부분 원단을 3+8cm안으로 접어 커튼 봉이 들어갈 자리를 제외하고 위아래를 박음질해주세요.
2) 심지를 넣는 집게형 커튼: 커튼심지를 커튼 윗부분 안쪽에 고정시키고 윗부분을 3+8cm 안으로 접어 커튼심지를 덮어주세요. 그런 뒤에 양옆을 접고 아랫부분을 박음질해주세요.

5 커튼 밑단 만들기 커튼 밑단을 3+6cm 안으로 접어 박음질해서 다리미로 눌러주면 완성.

Sewing Recipe

난이도 ★★
손바느질, 재봉틀 모두 가능
도안 필요 없음

기본재료
플라워 프린트 원단
화이트 원단
레이스
커튼심지

부재료
주름노루발

재단하기
실제 커튼 사이즈는 110×240cm이며 커튼 집게를 사용하여 고정합니다. 시접은 따로 주지 않습니다. 모든 설명은 커튼 한 폭 기준입니다. 창문 사이즈에 맞게 커튼을 2폭, 혹은 3폭으로 하시거나 본판 가로 사이즈를 조절하시면 돼요.

❶ 플라워 원단
  114×200cm 1장
❷ 아랫단용 화이트 원단
  220×50cm 1장
❸ 레이스
  250cm 2장
❹ 리본용 원단
  60×80cm 5장
❺ 커튼심지
  110cm 1장

1 원단 및 재료 준비 미리 필요한 원단을 준비해 재단해두세요.

2 플라워 원단 양옆 접어박기 플라워 원단 양옆을 2+2cm 안으로 접어 박음질해주세요.

3 커튼심지 달기 커튼 윗부분에 심지를 넣고 3cm 안으로 접어 박음질해주세요.

4 화이트 밑단 양옆과 아래 접어 박기 화이트 밑단의 양옆과 아래는 1+1cm 안으로 접어 박음질해주세요.

5 화이트 밑단 주름 잡기 노루발 교체 후, 화이트 밑단 윗부분에 주름을 잡아주세요.

6 플라워 원단과 화이트 원단 연결하기 플라워 원단 겉과 주름 잡은 화이트 원단 겉을 맞대어 박음질해주세요.

7 시접 오버록 하기

8 원단 겉 눌러박기 아래 시접을 위로 가게 한 후 겉에서 눌러박기 해주세요.

9 커튼 양옆 안쪽에 레이스 달기

10 리본 만들기 재단한 리본끈 원단의 위와 아래를 1cm씩 접고, 양옆도 안으로 한 번씩 접어 다리미로 눌러주세요. 그리고 다시 반 접어서 박음질하시면 됩니다.

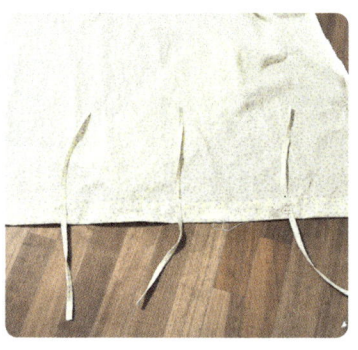

11 커튼 본판에 리본 달기 만든 리본을 일정한 간격으로 커튼 본판에 시침핀으로 고정시켜주세요.

12 리본을 눌러박아 고정시켜주면 완성

거실로 비치는 따스한 봄 햇볕을 닮은 레몬 빛깔 커튼.

내추럴 스타일 모래시계 커튼

Sewing Recipe

난이도 ★★★
손바느질, 재봉틀 모두 가능
도안 필요 없음

기본재료
플라워 프린트 원단
플라워 프린트 레이스 원단

재단하기
위아래, 양옆 시접 1cm가 포함된 치수입니다. 시접을 따로 그리지 않으셔도 돼요. 실제 커튼 사이즈는 110×188cm입니다.

❶ 플라워 프린트 원단
  커튼 본판: 114×188cm 1장
  맨 위 프릴 연결 부분: 114×25cm 1장
  커튼 중간 여밈끈: 160×10cm 2장

❷ 플라워 레이스 원단
  본판 양옆: 376cm 2장(주름분을 두 배로 잡습니다)
  본판 윗부분용: 114cm 2장

1 원단 및 재료 준비 미리 필요한 원단을 준비해 재단해두세요.

2 본판 원단 윗부분에 플라워 레이스 원단을 겉과 겉 맞대어 박음질하고 오버록 처리

3 ❷의 원단 겉과 윗부분 연결 원단의 겉을 맞대어 박음질하고 오버록 하기

4 원단 겉에서 눌러박기

5 나머지 레이스를 이미 부착된 레이스 뒤에 고정하여 박음질하기

6 중간 과정 완성 모습

7 양옆 프릴 원단 주름 잡기 주름노루발로 변경 후 주름을 잡아주세요.

8 본판 위아래 7cm 지점 떨어진 곳에서부터 프릴 겉과 본판 겉을 끝부분에 맞대어 박음질하기

9 시접 오버록 후 원단 겉에서 눌러 박기

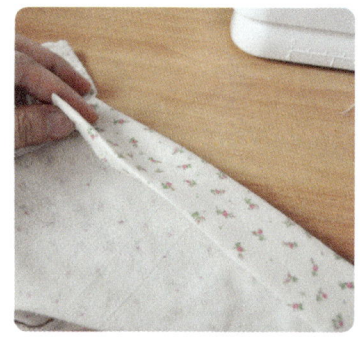

10 커튼봉이 들어갈 구멍 만들기
1cm 한 번 접고, 다시 5cm 안으로 접어 박음질해주세요. 위아래 모두 동일합니다.

11 여밈끈 만들기
1) 두 장의 원단을 겉과 겉 맞대어 끈 한쪽 부분에 사선으로 표시한 후 잘라주세요.
2) 창구멍을 남겨두고 빙 둘러 박음질해주세요.
3) 창구멍 사이로 뒤집고 공그르기 해주세요.
4) 깔끔하게 다림질하여 마무리하시면 됩니다.

Frill & Flower

프릴은 닿는 모든 것을
로맨틱하게 만드는 재주를 가졌다.
일상이 심심하고 건조할 때,
예쁜 꽃이 프린트된 레이스 원단으로
프릴을 만든다.
내 삶에도 로맨틱하고 달콤한 향기가
흐르길 기대하며……

겹프릴 쿠션

5 flower cushions

Sewing Recipe

난이도 ★★
손바느질, 재봉틀 모두 가능
도안 필요 없음

기본재료
플라워 리넨 원단
누빔지
라벨
지퍼

부재료
진주단추
레이스 모티프

재단하기
위아래, 양옆 시접 1cm가 포함된 치수입니다. 시접을 따로 그리지 않으셔도 돼요.

① 앞판
  37×37cm 1장

② 뒤판
  37×42cm 1장

③ 앞판 누빔지
  37×37cm 1장

④ 프릴용 원단
  8cm×쿠션 둘레×2
  (프릴 길이는 쿠션 둘레의 두 배로 잡아주세요.)

⑤ 지퍼
  33cm 1장

① **원단 및 재료 준비** 미리 필요한 원단을 준비해 재단해두세요.
② **앞판에 누빔지 연결하기** 앞판 프린트 뒷면에 누빔지 안쪽을 대고 사방 오버록 해주세요.
③ **프릴용 원단 잇기** 조각난 프릴용 원단의 겉과 겉을 맞대어 박아 한 장으로 만들어주세요.

4 **겹프릴 만들기** 이어둔 프릴 원단의 시접은 가름솔 처리하시고, 반으로 접어 다리미로 눌러주세요.

5 **프릴 주름 잡기** 주름노루발로 교체 후 프릴의 주름을 잡아주세요.

6 앞판에 프릴 연결하기 앞판 겉에 프릴을 시침핀으로 고정시킨 후 박음질해주세요.

TIP 프릴 시작과 끝부분 연결하기 프릴 시작 부분의 끝을 안으로 1cm 접어두세요. 쿠션 앞판에 사방으로 박음질한 뒤 프릴의 끝 부분을 프릴의 시작 부분 안으로 깊숙이 넣어서 마무리 박음질하시면 됩니다.

7 뒤판을 두 장으로 분리하기 한 폭은 너비를 작게, 한 폭은 너비를 넓게 하여 두 장으로 잘라주세요.

8 분리한 뒤판 원단 시접 만들기 작은 원단은 2cm, 큰 원단은 3cm 시접을 접어 다리미로 눌러주세요.

9 지퍼 달기

1) 짧은 원단 위에서 2cm 내려온 지점에 지퍼 겉면을 맞대어 박음질해주세요.
2) 지퍼를 달아주세요.
3) 넓은 원단을 지퍼를 달아둔 원단 위로 살짝 덮어주세요.
4) 박음질해주세요.
   a) 덮은 원단 끝 지점에서 박음질을 시작해 지퍼가 고정된 위치에서 1cm 더 내려온 부분까지 박음질해주세요.
   b) 노루발을 들어올린 후 넓은 쪽 원단 방향으로 ㄱ자로 꺾어 박아주세요. 앞뒤로 한번씩 1.5cm 폭으로 박음질하시면 됩니다.
   c) 다시 노루발을 직선방향으로 꺾어 지퍼가 끝나기 전 1cm 부분까지 박음질해주세요.
   d) 노루발을 들어올린 후 좁은 쪽 원단 방향으로 ㄱ자로 꺾어 박아주세요. 앞뒤로 한번씩 1.5cm 폭으로 박음질하시면 됩니다.
   e) 다시 노루발을 직선방향으로 꺾어 원단 끝까지 박음질해주세요.

10 **라벨 달기** 프릴을 달아둔 앞판에 라벨을 달아주세요.

11 **합봉하기** 프릴을 달아둔 앞판의 겉면과 지퍼를 달아둔 뒤판의 겉면을 맞대어 시침핀으로 고정해주세요. 그리고 창구멍 없이 사방을 박음질해주세요.

12 **시접 부분 오버록 하기**

13 지퍼를 열고 뒤집으면 완성

TIP 이불커버 만드는 법

이불솜을 넣어 사용하는 이불커버도 쿠션 만드는 방법과 기본적인 것은 똑같습니다. 설명이 겹쳐서 따로 싣지는 않았어요. 사용하시는 침구 사이즈에 맞게 제작하시되, 안쪽에 솜을 고정할 작은 끈만 달아주시면 돼요. 끈 위치는 다음 그림을 참고해주세요(사용하시는 이불솜에 따라 위치가 조금 차이날 수도 있으니, 끈 달기 전에 이불솜 먼저 확인하는 게 좋겠죠!). 앞판과 뒤판을 합봉하신 뒤에(11번 사진 참조) 끈을 곳곳에 달고 뒤집으시면 됩니다. 수면에 방해가 되지 않게 지퍼는 발보다 아래쪽에 다는 게 좋고요.

참고하시라고 이불과 베개커버 사이즈 제시합니다. 완성제품의 사이즈이니, 재단하실 때는 여분을 주어서 2장 재단하셔야겠죠! 프릴을 넣으시려면 이불 둘레의 2배가 되도록 프릴용 원단을 따로 준비해주세요.

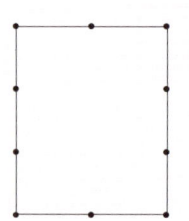

이불   싱글 160×210cm   베개   싱글 40×60cm
       퀸 200×230cm   퀸 50×70cm

커튼과 함께 레드 톤 쿠션을 만들었다.
빨강은 집안에 활기를 불어넣는다.
싱그럽고 푸른 화초 잎사귀와 빨강의 조화!
과하지 않은 선에서 한 번쯤 시도해볼 만하다.

사탕 자루 쿠션

candy shaped cushion

Sewing Recipe

난이도 ★

손바느질, 재봉틀 모두 가능
도안 필요 없음

기본재료
브라운 잔체크 원단
핑크 잔체크 원단
고무줄 약간

재단하기
위아래, 양옆 시접 1cm가 포함된 치수입니다. 시접을 따로 그리지 않으셔도 돼요.

❶ 몸판
　110×30cm 1장
❷ 리본끈
　130×6cm 1장
❸ 약간의 고무줄

1 원단 및 재료 준비　미리 필요한 원단을 준비해 재단해두세요.

2 몸판 양쪽 짧은 부분 각각 접어박기　짧은 부분을 1+1cm 안으로 접어박기 해주세요.

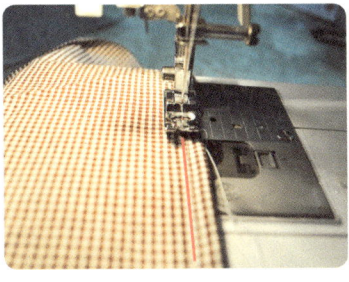

3 몸판을 반으로 접어 박음질하기　몸판을 반으로 접고 겉과 겉을 맞대어 긴 쪽 양옆을 박음질해주세요. 그리고 시접을 오버록 해주세요.

4 자루 안쪽에 고무줄 달기　몸판을 뒤집고, 자루 입구에서 12cm 내려와 자루 안쪽에 고무줄을 당겨가며 몸판 안쪽에서 박음질해주세요.

5 리본끈 만들기　재단한 핑크색 원단의 양옆을 중심 방향으로 접고, 또 반으로 포개어 박음질해주세요.

6 완성된 끈을 자루 겉면에 달기　자루 겉면 고무줄을 달아둔 부분에 리본끈을 달아주세요. 자루의 한쪽 몸판에만 고정시켜야 리본을 예쁘게 묶을 수 있어요.

pink patch cushion

올록볼록 핑크 패치 쿠션

Sewing Recipe

난이도 ★★★
손바느질, 재봉틀 모두 가능
도안 필요 없음

기본재료
다양한 컬러와 무늬의 5가지 원단
무지 원단
지퍼
솜 적당량

재단하기
겉감과 안감 모두 위아래, 양옆 시접 1cm가 포함된 치수입니다. 시접을 따로 그리지 않으셔도 돼요.

❶ 앞판
　앞판 패치: 9.5×9.5cm 25장
　(5종류의 원단 5장씩)
　앞판 패치 안감: 8×8cm 25장
　(무지 원단)
　앞판 전체 안감: 35×35cm 1장

❷ 뒤판
　35×40cm 1장

❸ 프릴용 원단
　7cm×쿠션 둘레×2
　8cm×쿠션 둘레×2
　★ 프릴 길이는 쿠션 둘레의 1.5~2배로 잡으세요.

❹ 지퍼
　33cm 1장

1 원단 및 재료 준비 미리 필요한 원단을 준비해 재단해두세요.

2 앞판 패치 원단과 앞판 패치 안감 창구멍 없이 합봉하기 25장의 컬러 패치 원단 각각에 25장의 무지 패치 안감 원단을 뒤에 두고 안감 원단 사이즈에 맞게 컬러 패치 원단의 사면을 입체적으로 접어가며 창구멍 없이 박음질해주세요.

3 각각의 패치들 연결하기 컬러와 무늬를 다양하게 구성한 후 겉과 겉을 맞대어 박음질해서 5개씩 5줄로 만들어주세요.

4 5줄을 연결하여 한 판 완성하기 각각의 패치를 연결하여 만든 5줄을 겉과 겉 맞대어 한 판으로 만들어주세요. 박음질할 때 각 줄의 솔기를 잘 맞추어주셔야 예뻐요.

5 7cm, 8cm 프릴 원단 각각 말아 박기

6 말아박기 후 주름 잡기 프릴 원단 각각 주름을 잡아도 되고 같이 포개어 주름을 잡아주셔도 됩니다.

7 앞판에 프릴 연결하기 앞판 겉에 2장의 프릴을 시침핀으로 고정시킨 후 박음질해주세요.

8 뒤판을 두 장의 원단으로 분리하고 오버록 하기 한 폭은 너비를 작게, 한 폭은 넓게 두 장으로 잘라주세요. 그 다음, 지퍼 마주 닿을 면만 오버록 처리해주세요.

9 분리된 뒤판 원단에 지퍼 달기 자세한 설명은 '겹프릴 쿠션' 만드는 방법을 참조하세요.

10 시침핀으로 앞판에 프릴 고정시키기 뒤판 원단을 합봉할 때, 프릴 원단 끝이 함께 박음질되는 것을 방지하기 위해서랍니다.

11 **합봉하기** 패치해둔 앞판의 겉면과 지퍼를 달아둔 뒷판의 겉면을 맞대어 시침핀으로 고정시킨 후 창구멍 없이 사면을 박음질해주세요.

12 **앞판 전체 안감과 2차 합봉하기** 앞판 전체 안감(35×35cm)을 지퍼 뒷면에 시침핀으로 고정시킨 후 3면만 박음질해주세요. 앞판 전체 안감을 다는 이유는 각 패치에 솜을 집어넣고 앞판 전체 안감으로 덮어서 깔끔하게 마무리하기 위해서랍니다.

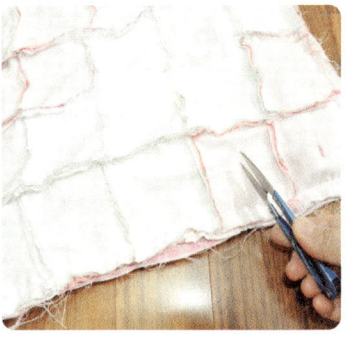

13 **패치 안감 조각 구멍내기** 아래 원단(겉에서 보일 원단)이 뜯어지지 않게 살짝 가위밥 주세요.

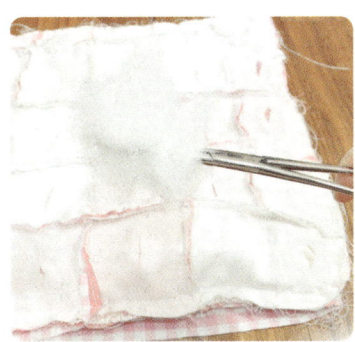

14 각각의 패치 구멍 안에 솜 채워 넣기

15 **손바느질로 구멍 막기**
1) 안감 뒤집어 창구멍 바느질하기: 앞판 전체 안감을 뒤집어서 1cm 시접을 주고 창구멍을 손바느질로 막아주세요.
2) 올록볼록 패치 앞면이 나오도록 뒤집어주면 완성!

2인용 대쿠션 & 대방석

pink irish cushion for 2 people

Sewing Recipe

난이도 ★★
손바느질, 재봉틀 모두 가능
도안 필요 없음

❶ 원단 및 재료 준비 미리 필요한 원단을 준비해 재단해두세요.
❷ 프릴 원단 이어서 한 장으로 만들기 조각난 프릴 원단의 겉과 겉을 맞대어 잇고 오버록 하세요.
❸ 프릴 원단 말아박기

기본재료

플라워 리넨 원단
라벨
레이스 모티프
지퍼

재단하기

겉감과 안감 모두 위아래, 양옆 시접 1cm가 포함된 치수입니다. 시접을 따로 그리지 않으셔도 돼요.

❶ 등받이 쿠션
   앞판: 112×62cm 1장
   뒤판: 112×67cm 1장
   프릴 원단: 10cm×쿠션 둘레×2
   지퍼: 108cm 1장

❷ 대방석
   앞판: 112×112cm 1장
   뒤판: 112×117cm 1장
   앞판 누빔지: 112×112cm 1장
   (누빔지는 해도 되고 안 해도 돼요.)
   지퍼: 108cm 1장
   ★ 사이즈만 제시합니다. 만드는 방법은 쿠션 만들기를 참고하세요.

4 프릴 주름 잡기 지퍼노루발로 교체 후 프릴의 주름을 잡아주세요.

5 앞판에 프릴 연결하기 앞판 겉에 프릴을 시침핀으로 고정시킨 후 박음질해주세요.

6 프릴의 끝과 끝 이어주기 프릴의 시작과 끝을 박음질한 후 오버록 해주세요. 그리고 앞판에 고정시켜 마무리 박음질하시면 됩니다(겹프릴 쿠션 만들기 참조).

7 앞면에 레이스 모티프와 라벨 달기

8 뒤판 두 장의 원단으로 분리하고 **오버록 하기** 한 폭은 너비를 작게, 한폭은 넓게 두 장으로 잘라준 다음 각각 지퍼 마주닿을 면만 오버록 처리 해주세요.

9 분리해둔 뒤판 원단 시접 만들기 사이즈 작은 원단은 2cm, 사이즈 큰 원단은 3cm의 시접을 접어 다리미로 눌러주세요.

10 지퍼 달기 자세한 설명은 겹프릴 쿠션 만드는 방법을 참조하세요.

11 합봉하기 프릴을 달아둔 앞판의 겉면과 지퍼를 달아둔 뒤판의 겉면을 맞대어 시침핀으로 고정시킨 후 창구멍 없이 사면을 박음질해주세요.

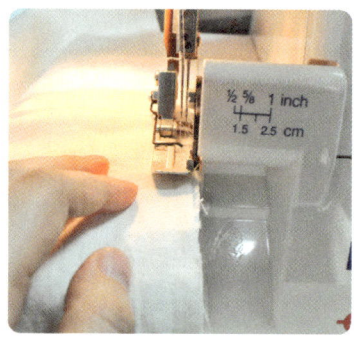

12 시접 부분 오버록 하기

13 뒤집어서 눌러박기 지퍼를 열고 뒤집어서 앞면 겉에서 0.5cm 간격을 두고 눌러박기 해주세요.

차분한 톤의 대방석과 쿠션을 만들어두면
비싼 소파가 부럽지 않다.
집이 좁게 느껴질 때,
무거운 소파를 치우고 대방석을 들여보자.
한결 넉넉해진 공간에 마음까지 여유로워진다.

그린 레이스 홑겹 패치 이불

summer day green blanket

Sewing Recipe

난이도 ★★
손바느질, 재봉틀 모두 가능
도안 필요 없음

기본재료
그린 도트 아사 원단
플라워 거즈 원단
레이스 원단
화이트 아사 무지 원단
라벨
레이스 모티프

재단하기
겉감과 안감 모두 위아래, 양옆 시접 1cm가 포함된 치수입니다. 시접을 따로 그리지 않으셔도 돼요. 완성 사이즈는 140×180cm 입니다.

① 그린 도트 원단
　 15×182cm 4장
② 플라워 원단
　 15×182cm 4장
③ 레이스 원단
　 13×182cm 3장
④ 프릴용 원단
　 7cm×이불 둘레×1.5배
⑤ 안감 원단
　 142×184cm

1 원단 및 재료 준비　미리 필요한 원단을 준비해 재단해두세요.

 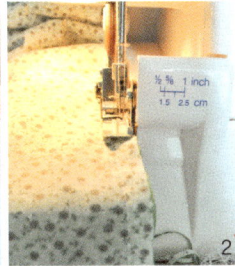 

2 프린트 원단끼리 패치하기
1) 플라워와 도트 원단의 겉과 겉을 맞대어 박음질해주세요.
2) 시접을 오버록 해주세요.
3) 겉에서 눌러박기 해주세요.

3 프린트 원단과 레이스 원단 패치하기
1) 레이스 원단과 연결하기 전, 도트 원단을 오버록 해주세요.
2) 도트 원단 겉면 위에 레이스 원단을 올리고 겉에서 박음질해주세요.
3) 플라워 원단 오버록 후, 플라워 원단 겉면 위에 레이스 원단을 올리고 겉에서 박음질해주세요. (나머지 원단도 컬러와 프린트에 맞게 위의 과정을 거쳐 패치해주세요.)

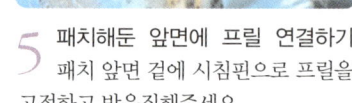

4 겹프릴 만들기
1) 재단한 프릴 원단을 서로 연결한 후, 반으로 접어 다리미로 눌러주세요.
2) 주름노루발로 교체 후 주름을 잡아주세요.

5 패치해둔 앞면에 프릴 연결하기
패치 앞면 겉에 시침핀으로 프릴을 고정하고 박음질해주세요.

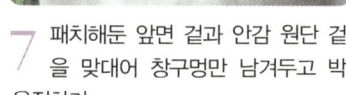

6 패치해둔 앞면에 레이스 모티프와 라벨 부착하기

7 패치해둔 앞면 겉과 안감 원단 겉을 맞대어 창구멍만 남겨두고 박음질하기

8 창구멍으로 원단을 뒤집고 겉에서 전체적으로 눌러박기 해주면 완성

patch work

패치 작업은 언제나 귀찮고 힘들지만,
완성하고 나면 몇 배의 성취감과 기쁨을 선사한다.
그래서 나는 지금도 묵묵히 패치 작업을 한다.

washing cotton bed pad

간단하게 직각바이어스로 멋을 낸
화이트 침대 패드.

양면 누빔 침대 패드

Sewing Recipe

난이도 ★★
손바느질, 재봉틀 모두 가능
도안 필요 없음

기본재료

양면 누빔 원단
바이어스 원단
라벨
레이스 모티프

재단하기

겉감과 안감 모두 위아래, 양옆 시접 1cm가 포함된 치수입니다. 시접을 따로 그리지 않으셔도 돼요. 실제 사이즈는 150×210cm입니다. 바이어스 폭은 3.5cm로 합니다.

❶ 양면 누빔 원단
　150×210cm

❷ 바이어스 원단
　9cm×누빔 원단 둘레(720cm)

1 원단 및 재료 준비　미리 필요한 원단을 준비해 재단해두세요.

2 바이어스 연결하기
1) 바이어스 원단의 겉과 겉을 직각으로 맞대어 그림처럼 사선을 그려주세요.
2) 사선 부분을 박음질한 후 시접을 0.5cm만 남겨두고 잘라주세요.

3 시접 가름솔하기　다리미로 시접의 가름솔을 다려주세요.

4 누빔 원단과 바이어스 연결하기

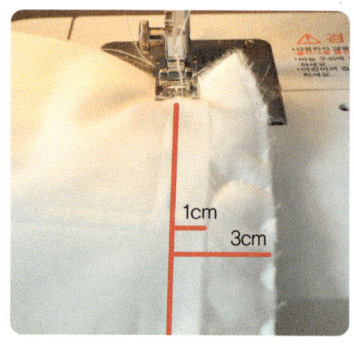

1) 시접 폭은 1cm, 완성 바이어스 사이즈는 3cm로 합니다. 누빔지 뒷면에 바이어스 겉을 맞대고 박음질해주세요.

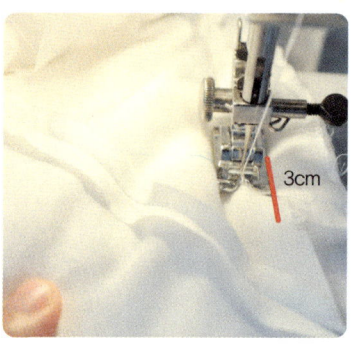

2) 아랫부분에서 바이어스 3cm 폭만큼 남겨두고, 앞뒤로 되박음질해주세요.

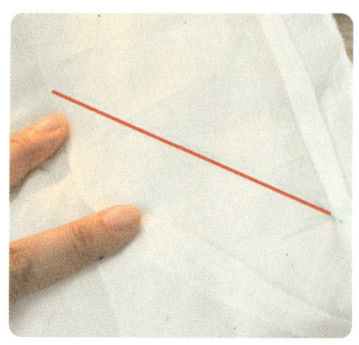

3) 접힐 바이어스를 위해 모서리에서 45도로 선을 하나 그어주세요.

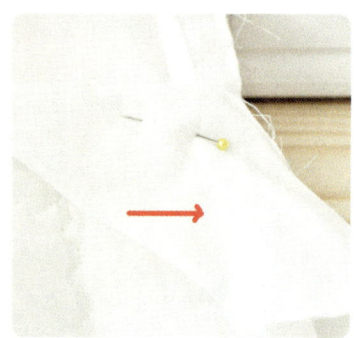

4) 바이어스를 오른쪽으로 접어주세요.

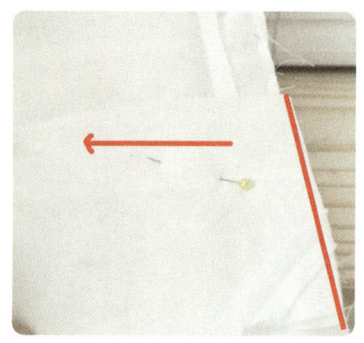

5) 다시 왼쪽으로 접어주되, 누빔지 끝과 동일한 곳에서 접어주세요.

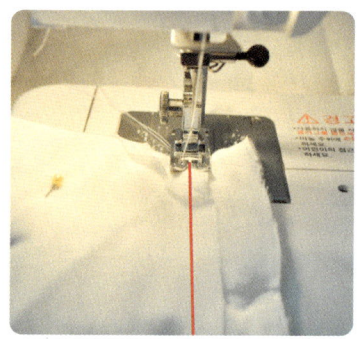

6) 바이어스를 시침핀으로 고정한 후 누빔지 방향을 바꿔 처음 시작 부분부터 박음질해주세요.

  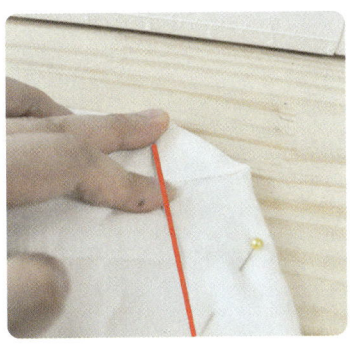

7) 끝부분은 시작시 연결해놓은 바이어스를 겉으로 접은 다음 두 장의 바이어스 원단이 마주 닿은 부분까지 박음질해주시고 나머지는 잘라주세요.

8) 누빔지 겉면이 보이도록 뒤로 뒤집고, 한 면을 시접 1cm 접고 다시 3cm 접어주세요.

9) 그림의 선대로 다시 한 번 접어 사각 모서리를 만들어주세요.

 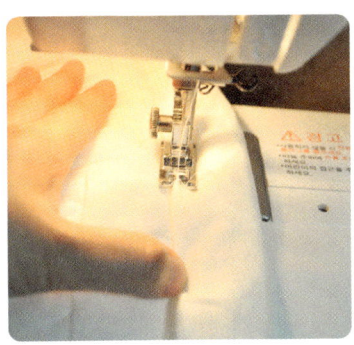 

10) 사선 부분도 박음질해주시면 튼튼합니다.

11) 바로바로 접어가면서 나머지 모서리도 사각으로 모양을 잡아 박음질해주세요.

5 레이스 모티프와 라벨을 달아주면 완성

06 패션 레시피

직접 만드는 패션 아이템

옷장에 걸린 옷이 마음에 들지 않아 속상할 때,
간단히 치마와 손가방을 만들어 멋을 내볼까요?
어렵지 않아요! 따라해보세요.

패턴이 필요 없는
3단 티어드스커트

Green check tiered skirt

엄마와 아이가 함께 입는 간단한 3단 티어드 스커트

Sewing Recipe

난이도 ★★
손바느질, 재봉틀 모두 가능
도안 필요 없음

기본재료

체크 원단
라벨
허리 고무줄

재단하기

위아래, 양옆 시접 1cm가 포함된 치수입니다. 시접을 따로 그리지 않으셔도 돼요.

❶ 윗단
　120×20cm 1장
❷ 중간단
　216×21m 1장
❸ 아랫단
　330×24cm 1장
❹ 고무줄 적당히

1 원단 및 재료 준비　미리 필요한 원단을 준비해 재단해두세요.

 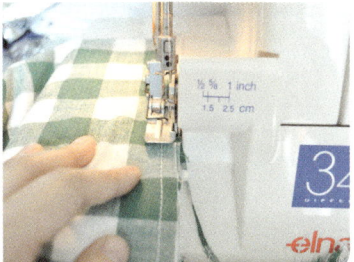

2 각 원단 이어서 박음질하고 오버록 처리

3 아랫단 말아박기　오버록 처리된 상태이므로, 오버록으로 이어진 부분을 사선으로 약간 잘라내고 말아박기 하세요.

4 아랫단과 중간단 주름 잡기

5 윗단과 중간단 이어주기 윗단과 중간단의 겉과 겉을 맞대어 박아주세요.

6 시접 오버록

7 겉에서 눌러박기 안쪽 시접을 위로 젖혀 겉에서 눌러박기 해주세요.

8 아랫단과 중간단 이어주기 ❺❻❼의 과정을 반복하시면 됩니다.

9 윗단 허리 부분 오버록

10 라벨 달기 고무줄 들어갈 자리 아랫부분에 라벨을 달아주세요.

11 치마 옆선 박음질하기

12 고무줄 달기 허리 부분을 접어 박고 고무줄을 넣어주세요.

13 허리 부분 완성하기 고무줄을 서로 맞대어 박고 입구를 박음질하시면 완성입니다.

mini flower band skirt

손주름의 풍성한 느낌 가득한, 로맨틱 스커트!

손주름으로 만드는
허리 밴드 스커트

Sewing Recipe

난이도 ★★
손바느질, 재봉틀 모두 가능
도안 필요 없음

기본재료

플라워 아사 원단
속치마 원단
폭 5cm짜리 고무줄 밴드

재단하기

위아래, 양옆 시접 1cm가 포함된 치수입니다. 시접을 따로 그리지 않으셔도 돼요.

① 겉감용
   165×48cm 1장

② 속치마
   165×45m 1장

③ 고무줄 밴드
   80cm 1장(허리 사이즈에 따라 달리 하셔도 됩니다)

  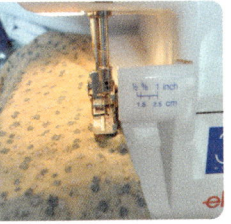

① **원단 및 재료 준비** 미리 필요한 원단을 준비해 재단해두세요.
② **각 원단 연결 후 시접 오버록 하기** 재단한 원단을 겉과 겉 맞대어 박음질하고 시접은 오버록 해주세요.

  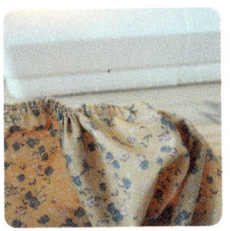

③ **아랫단 말아박기** 말아박기는 3단 티어드 스커트 만드는 방법을 참고해주세요.
④ **스커트 주름 만들기** 재봉틀의 장력을 낮추어 느슨하게, 바느질 땀은 크게 설정해주세요. 스커트 겉감 허리 부분에 0.5cm 간격으로 두 줄로 박음질하되, 끝에 재봉실을 10cm 여유 두고 잘라주세요. 속치마도 같은 방법으로 주름을 잡아주세요.
⑤ **손주름 만들기** 스커트 겉에 남겨둔 양옆 2개의 실을 잡아당겨가며 허리 사이즈에 맞게 손주름을 만들어주세요.

6 **속치마 아랫단 오버록 또는 인터록 하기** 저는 깔끔하게 인터록을 했어요. 인터록 방법은 각각의 오버록 기계 설명서를 참고하세요.

7 **스커트 겉감에 속치마 달기** 스커트 겉감 안과 속치마 겉을 맞대어 허리 부분과 양옆을 박음질해주세요.

8 **허리 시접부분과 치마 양 옆선 오버록 하기**

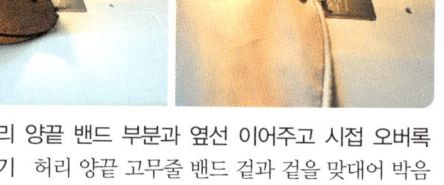

9 **스커트에 고무줄 밴드 달고 시접 오버록 하기** 스커트 겉에 고무줄 허리밴드를 맞대고, 살짝 당겨가며 박음질해주세요. 시접은 깔끔하게 오버록 처리해주세요.

10 **허리 양끝 밴드 부분과 옆선 이어주고 시접 오버록 하기** 허리 양끝 고무줄 밴드 겉과 겉을 맞대어 박음질하고, 스커트 옆선 또한 겉과 겉 맞대어 이어주세요. 시접을 오버록 처리하면 완성입니다.

봄에 어울리는 노란 구두,
가볍게 나풀거리는
핸드메이드 치마.
이거 두 개면 충분해.
봄 준비는 끝났다.

rounded mini bag

라운드 미니 백

Sewing Recipe

난이도 ★★★
손바느질, 재봉틀 모두 가능
실물 도안 있음

기본재료

커트지
그린 무지 원단
4온스 접착심지
32cm 지퍼
가죽 손잡이
가죽 라벨

재단하기

패턴을 대고 선을 그린 뒤 시접 1cm를 더 그려주세요. 단, 접착심지는 시접 없이 그려줍니다.

❶ 겉감
　몸판용 커트지: 지름 16cm 2장
　바닥용 무지 원단: 23×4cm 1장

❷ 안감
　몸판용 무지 원단: 지름 16cm 2장
　바닥용 무지 원단: 23×4cm 1장

❸ 지퍼 연결 부분
　그린 무지 원단 32×2cm 2장

❹ 4온스 접착심지
　몸판용: 지름 16cm 4장
　바닥용: 23×4cm 2장

❺ 가죽 손잡이
　58×1cm 1개

1 **원단 및 재료 준비** 미리 필요한 원단을 준비해 재단해두세요.

2 **겉감과 안감용 원형 원단 두 장과 바닥용 무지 원단에 접착심지 붙이기** 접착심지의 까끌까끌한 면과 붙이고자 하는 원단 안쪽면을 맞대고, 다리미로 꾹꾹 눌러서 스팀 없이 다림질해주세요.

3 **지퍼 연결 원단 만들기**
1) 양옆 지퍼 연결 원단을 1cm 접어 다리미로 눌러주세요.
2) 양옆 지퍼 겉면에 1cm 접은 지퍼연결 원단을 맞대어 지퍼노루발로 교체 후 박음질해주세요.

4 **지퍼와 가죽끈과 바닥 원단 합봉하기** 그림처럼 지퍼 한쪽에 가죽끈을 고정시켜주세요. 바닥 원단을 1cm 안으로 접어 가죽끈 위에 포갠 뒤, 단단하게 박음질해주세요.

   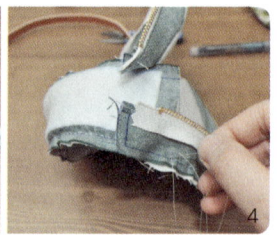

5 겉감 원형 몸판과 지퍼를 달아둔 바닥 부분 연결하기
1) 한쪽 지퍼 겉면과 겉감 원형 몸판 1장을 겉면을 맞대어 시침핀으로 고정시켜주세요.
2) 곡선이라 원단이 밀릴 수 있으므로, 손바느질로 촘촘히 박음질해주세요.
3) 나머지 원형 몸판과 반대편 지퍼를 단 바닥단도 위의 과정처럼 시침핀으로 고정시킨 후 손바느질로 박음질해주세요.
4) 가죽끈을 달지 않은 지퍼 바닥 부분은 그림처럼 위아래 몸판에 붙여 바느질해주세요.

6 뒤집기
뒤집으면 이런 모양이 나옵니다.

7 지퍼 마무리하기
벌어진 지퍼를 살짝 마주닿게 한 후 손바느질로 박음질해주세요.

8 반대편에 가죽끈 달기
바닥 부분 원단의 시접을 안으로 접어주세요. 그 사이에 나머지 가죽끈을 끼워넣고 고정시킨 후 박음질해주세요.

9 **안감 만들기**
 1) 원형 안감 겉면과 바닥 안감 겉면을 맞대어 고정시킨 후, 1cm 내려온 부분에서부터 박음질해주세요. 여유를 두는 이유는 나중에 안으로 접어 공그르기를 해주기 위해서입니다.
 2) 나머지 원형 안감도 반대편 안감 바닥 겉면과 맞대어 고정시킨 후 박음질해주세요.

10 **안감 겉면에 가죽 라벨 달기**

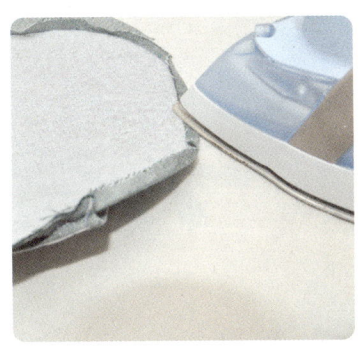

11 **안감 시접 다리기** 안감 시접 1cm를 안쪽으로 다림질해주세요.

12 **합봉하기** 겉감의 안쪽면과 안감의 안쪽면이 서로 잘 맞도록 안감을 겉감 속에 집어넣어 시침핀으로 고정시켜주세요.

13 **입구 전체 공그르기** 지퍼 안쪽에서 안감의 시접을 안쪽으로 1cm씩 접어가며 겉감과 안감을 공그르기로 연결해주면 완성입니다.

파스텔 라미네이트 가방

pink check laminated picnic bag

Sewing Recipe

난이도 ★

손바느질, 재봉틀 모두 가능
도안 필요 없음

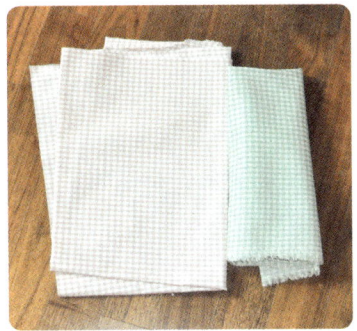

1 원단 및 재료 준비 미리 필요한 원단을 준비해 재단해두세요.

기본재료

양면 라미네이트(방수) 원단
핑크/그린 체크 원단
망사 원단
리본 테이프 약간
라벨

부재료

패브릭 본드
글루건

재단하기

겉감과 안감 모두 위아래, 양옆 시접 1cm가 포함된 치수입니다. 시접을 따로 그리지 않으셔도 돼요.

❶ 본판
  핑크 체크 원단 34 × 39cm 1장

❷ 가방 안주머니
  그린 체크 원단 21 × 32cm 1장

❸ 가방끈
  50 × 6cm 2장

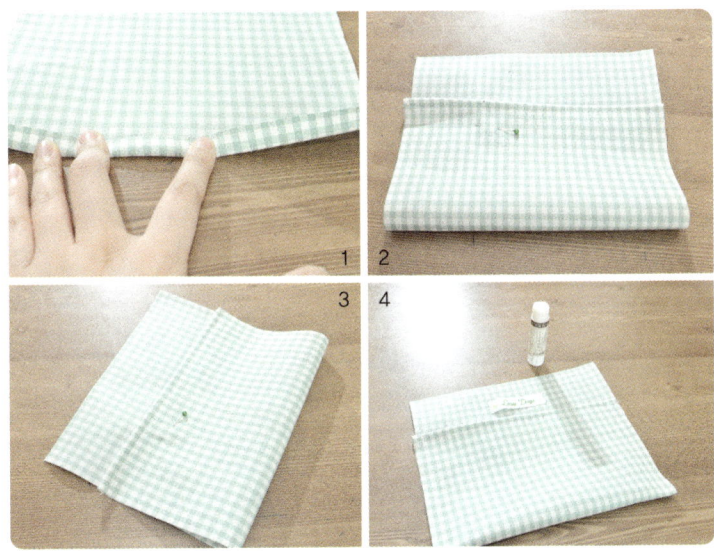

2 가방 안주머니 만들기
1) 재단한 가방 안주머니 원단의 가로방향 윗부분을 1+1cm 안으로 접어 다림질해주세요.
2) 안으로 접은 부분을 두 줄 박음질해주세요.
3) 위에서 7cm 지점을 표시하고 7cm 지점 아랫부분까지 원단을 반으로 접어 양옆을 박음질해주세요.
4) 패브릭 본드로 라벨을 임시 고정시키고 박음질해주세요.

 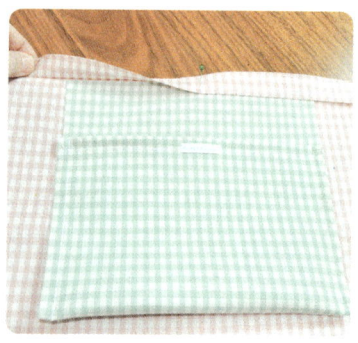 

3 **가방 입구 부분 안으로 접어 고정하기** 가방 입구 부분은 양방향 2cm 안으로 접어 시침핀으로 고정시켜 주세요.

4 **안주머니와 가방 몸판 연결하기** 몸판 위에서 2cm 안으로 접어 시침핀으로 고정시킨 것을 박음질하되 한쪽 면은 안주머니를 2cm 안으로 접은 시접 사이에 끼우고 박음질해주세요.

5 **몸판 옆선 박고 바닥 만들기**
 1) 몸판의 겉과 겉을 맞대어 옆선을 박음질하고, 바닥 부분을 양옆으로 오므려 삼각형 형태로 접어주세요. 앞과 뒤 꼭짓점에서부터 5cm 지점에 선을 그어주세요.
 2) 시접은 가름솔로 하고 각각 5cm 선 그은 부분을 박음질해주세요.

6 **가방끈 만들기** 가방끈은 각각 겉과 겉 맞대어 반 접어 창구멍만 남기고 박음질하세요. 뒤집은 뒤에 창구멍은 겉에서 다시 한 번 눌러 박음질해주세요.

7 **가방끈 달기** 준비된 가방끈 2개를 각각 몸판 안쪽에 달아주면 완성입니다.

비오는 날에도
젖지 않는
가볍고 화사한
사각 가방.

리본 포인트 블라우스

brown asmino
blossom blouse

Sewing Recipe

난이도 ★★

손바느질, 재봉틀 모두 가능
실물 도안 있음(프리 사이즈)

기본재료
플라워 원단
고무줄 약간
라벨

재단하기
프리 사이즈용 패턴이 포함되어 있습니다. 패턴을 대고 선을 그린 뒤, 부위에 따라 시접을 1~3cm 정도 더 그려주세요.

① 패턴을 이용해 재단한 앞판, 뒤판 원단 1장씩

② 패턴을 이용해 재단한 소매 2장

③ 앞·뒷목 칼라 각 1장씩

④ 커프스 2장

1 원단 및 재료 준비 미리 필요한 원단을 준비해 재단해두세요.

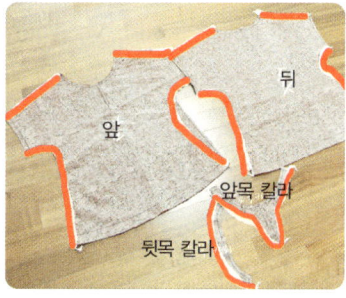

2 오버록하기 그림처럼 앞판, 뒤판 어깨와 옆선 그리고 앞뒤 칼라 아랫부분을 오버록 해주세요.

3 앞판과 뒤판 이어주기 앞판과 뒤판 겉과 겉을 맞대어 어깨선과 옆선을 박음질해주세요.

4 앞뒤 칼라 이어주기 뒷목 칼라와 앞목 칼라 원단을 겉과 겉 맞대어 박음질하고 가름솔은 다림질해주세요.

5 칼라와 몸판 이어주기 칼라 겉과 몸판 겉을 그림처럼 박음질해주세요.

6 목둘레 가위집 넣기 앞목 부분에 그림과 같이 끝에서 0.2cm 남겨두고 가위집을 넣어주세요.

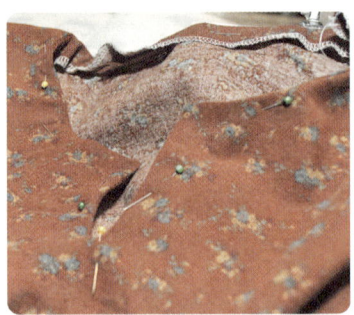

7 뒤집은 뒤 겉에서 목둘레 눌러박기

8 소매 주름용 2줄 박기 소매 2장 각각 진동부분과 아랫부분을 두 줄로 느슨하게 박음질해주세요.

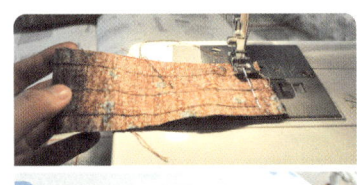

9 커프스 겉과 겉 맞대어 박음질하고 시접의 가름솔은 다림질하기

10 소매 주름 잡기 소매 윗부분과 아랫부분의 실 2줄을 당겨 자연스럽게 주름을 잡아주세요.

11 소매와 커프스 연결하기 소매와 커프스 겉면을 맞대어 박음질하고 안으로 접어 다시 박음질하세요.

12 소매와 본판 이어주기 소매 겉과 본판 겉을 맞대어 소매를 연결해주시고 시접은 오버록 하세요.

13 몸판 아랫단 접어박기 아랫단은 오버록 하고 3cm 정도 접어 박아주면 완성입니다. 리본 포인트는 취향에 따라 만들어주세요.

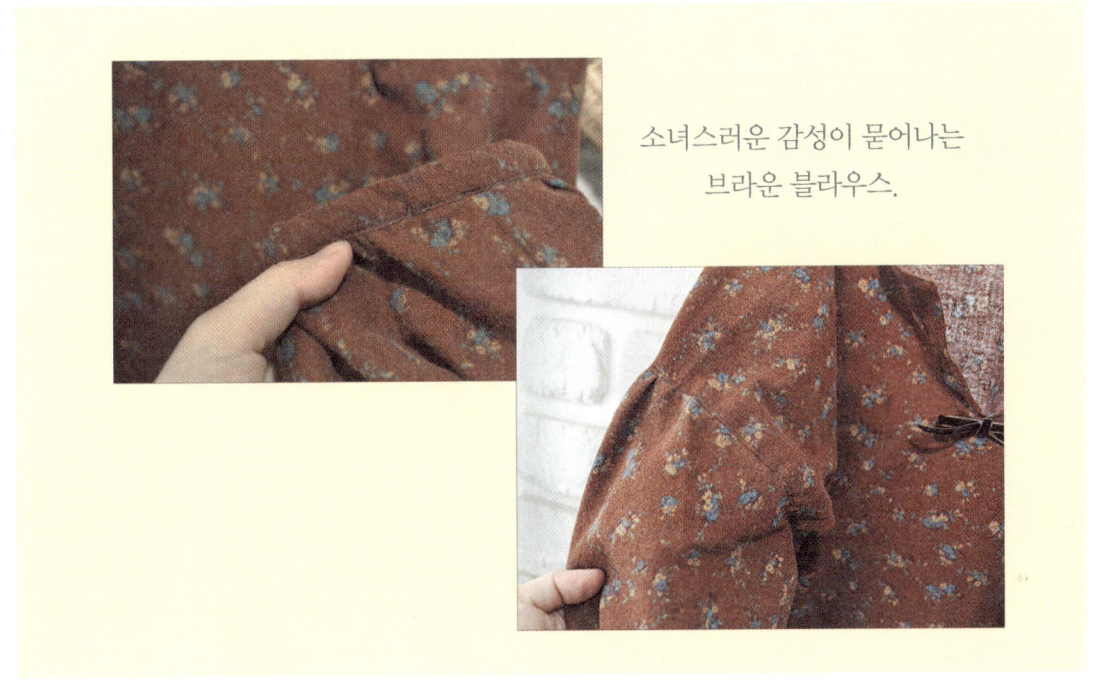

소녀스러운 감성이 묻어나는
브라운 블라우스.

navy country check muffler

바람부는 가을, 파리지앵 느낌의 감각적인 머플러로 멋을 내자!

Sewing Recipe

난이도 ★
손바느질, 재봉틀 모두 가능
도안 필요 없음

기본재료
양면 거즈 원단
가죽 라벨(혹은 일반 라벨)

부재료
송곳
자
초크

재단하기
위아래, 양옆 시접 1cm가 포함된 치수입니다. 시접을 따로 그리지 않으셔도 돼요.

❶ 거즈 원단
   110(올이 풀리지 않는 부분)×126(올이 풀리는 부분)cm

1 원단 및 재료 준비 미리 필요한 원단을 준비해 재단해두세요.

2 올이 풀리는 자리 표시하기 올이 풀리는 부분 양옆으로, 위아래 8cm 부분에 선을 그어주세요. 표시 아래쪽은 올을 풀어 수술을 만들어줄 거랍니다.

3 올이 풀리지 않는 부분 말아박기 올이 풀리지 않는 부분 양옆을 ❷에서 초크로 표시해둔 선 안쪽까지 말아박기 해주세요.

4 송곳으로 올 하나씩 풀어주기 말아박기가 된 부분까지 한 올씩 송곳으로 풀어주세요. 위아래 모두 풀어줍니다.

5 매듭짓기
 1) 풀어준 올들을 일정한 간격으로 꼬아주세요.
 2) 꼬아준 올들을 손가락으로 매듭지어주세요.

6 라벨 달기 골라둔 예쁜 라벨을 원하는 위치에 달아주면 완성입니다.

처음 만나는 바느질 레시피 43

첫판 1쇄 펴낸날 2011년 3월 21일
첫판 3쇄 펴낸날 2012년 8월 15일

지은이 | 손혜정
펴낸이 | 지평님
기획·마케팅 | 김재균
기획·편집 | 홍보람
본문 조판 | 성인기획 (070)8747-9616
필름 출력 | 스크린출력센터 (02)322-4467
종이 공급 | 화인페이퍼 (031)955-0135
인쇄 | 중앙P&L (031)904-3600
제본 | 서정바인텍 (031)942-6006

펴낸곳 | 황소자리 출판사
출판등록 | 2003년 7월 4일 제2003-123호
주소 | 서울시 종로구 통인동 135-2번지 2층 (110-043)
대표전화 | (02)720-7542 팩시밀리 (02)723-5467
E-mail : candide1968@hanmail.net

ⓒ 손혜정, 2011

ISBN 978-89-91508-77-4 13590

*잘못된 책은 바꾸어드립니다.
*이 책의 반품 기한은 2017년 8월 14일까지입니다.